O FABRICANTE DE SABONETES

O FABRICANTE DE SABONETES

A história de Adolfo Milani,
pioneiro da gestão empresarial moderna

Autor: ADOLFO MILANI FILHO

Prefácio: Antonio Delfim Netto
Posfácio: Ives Gandra da Silva Martins

São Paulo | 2021

ÍNDICE

7 PREFÁCIO

11 ANTES DE TUDO
11 Um motivo
12 José Milani, meu avô
18 A fábrica
20 Tenho memória
22 Uma namorada chamada Gessy
28 Reclames

35 ANOS 30
35 A viagem
41 Se é Ayer, é bom
48 Pesquisar é fundamental
52 Um testamento
54 Conservador vs. Especulador
56 Casa Tozan

65 ANOS 40
65 Um ressentimento

68	Os filhos
74	Um sucessor
79	Inclinação socialista
83	Ordem e progresso
85	Clube dos Vinte e Um
88	Uma obsessão
90	Embalagem inviolável
96	Edifício Gessy

111 ANOS 50

111	O sabonete das estrelas
121	Nas gôndolas
124	O perfeccionista
127	Visão de mercado
134	Ciúmes
138	Cérebro eletrônico

143 DEPOIS DE TUDO

143	Má notícia
147	Uma segunda Gessy
151	Uma carona
153	O grande legado

159 POSFÁCIO

163 ANEXO: Relatório da N.W. Ayer & Son para a Companhia Gessy (setembro de 1932)

PREFÁCIO

Li e me entusiasmei com o livro sobre o grande industrial que foi Adolfo Milani.

Na Gessy, comecei minha vida profissional aos 14 anos, completados em 1942, quando nela ingressei, respondendo a um longo teste aprovado pelo Dr. Funari, um grande e seguro administrador, como aprendi depois.

Naquele tempo, o Dr. Adolfo era um ente distante que emitia ordens estratégicas para uma bem-sucedida empresa nacional – a Gessy – que competia com sucesso com uma empresa internacional, a Lever.

O importante na administração do Dr. Adolfo é que ele estimulava um regime altamente competitivo e meritocrático, com generosas bonificações semestrais e anuais. Num fim de ano, cheguei em casa com o bônus, em que o meu pai teve dificuldade de acreditar.

Aprendi muito com companheiros incríveis e com a administração profundamente humana do Dr. Adolfo.

Entrei como *office boy* e logo fui promovido a "correspondente", uma profissão que hoje não existe mais. Naquele tempo, o telefone era praticamente inexistente. Para falar com o Rio de Janeiro, você precisava chegar na empresa às 05h00 da manhã e ficar tentando até conseguir uma linha. Quem tinha sorte e conseguia, prendia a linha por 24 horas. Logo, todas as relações da empresa com seus vendedores e clientes eram feitas por cartas, levadas por um correio que não era totalmente eficiente.

Adolfo Milani – o Dr. Adolfo – era um visionário apaixonado por todas as inovações do setor no mundo, particularmente da França e seus perfumes.

Para mim, era um ente abstrato e centro atrator das decisões estratégicas da empresa.

Minha formação deve muito a todos os meus colegas, em particular a um grande intelectual, o Sr. Ayrton Alves Aguiar, que me orientou na leitura dos livros da coleção Espírito Moderno, produzida por Lobato e Rangel. Induziram a um certo socialismo democrático, inspirado na obra do grande H. G. Wells. Saí disso um ingênuo e entusiasmado socialista fabiano. Perdi o entusiasmo no 1º ano do curso de Economia na FEA/USP, com a lição do grande professor Paul Huagon.

Queria ser engenheiro, mas não tinha recursos para me sustentar durante o curso. Tinha feito curso de contador, que não permitia o ingresso na universidade. Felizmente, um decreto de 1946, que criou o curso de Economia na FEA/USP, abriu as portas para os contadores, mas exigia pelo menos seis horas em dois turnos. Prestei um concurso público no Departamento de Estradas de Rodagem. Passei e fui trabalhar nas oficinas da Mooca, onde as lições que havia aprendido na Gessy facilitaram muito minha vida.

Finalmente, o destino me levou para a política e cheguei ao Ministério da Fazenda. De novo, a organização e os ensinamentos do Dr. Adolfo continuaram a me ajudar.

Antonio Delfim Netto

ANTES DE TUDO

UM MOTIVO

Pensei muito, durante anos a fio, eu diria, sobre o porquê de colocar este livro no mundo. O que pretendo eu com ele? O que procuro deixar como legado? E sobretudo: o que há de necessidade e o que há de vaidade no ato de escrever um livro? Jamais achei que teria a possibilidade — para não dizer a capacidade — de escrever um, apesar de me saber, por força das circunstâncias, um aguerrido administrador de empresas, formado por uma escola da envergadura da Fundação Getúlio Vargas, e advogado criado e fundamentado nos velhos corredores e salas de aula do prédio da Faculdade de Direito da Universidade de São Paulo, no Largo São Francisco.

No entanto, depois de ver, ouvir e presenciar tanta inutilidade neste mundo, e ter consciência do que representou a figura deste homem no meio empresarial brasileiro, concluí que gostaria de deixar, sim, algumas lembranças impressas a seu respeito. Não apenas para a sociedade, mas principalmente para a minha família, de modo que conheçam a história — e sintam orgulho, nunca vaidade — daquele que colocou sua dedicação pelo desenvolvimento do país à frente dos desejos e das ambições individuais.

Concluo, assim, que o único motivo que me levaria a querer colocar um livro no mundo seria o registro da memória que guardo daquele que me emprestou seu nome.

JOSÉ MILANI, MEU AVÔ

Vencida a justificativa, poderia iniciar meu relato dizendo que Adolfo Milani nasceu em Valinhos, no interior de São Paulo, no ano de 1895. Há quem diga que sua nacionalidade era italiana, e até exiba uma identidade constante numa certidão, provavelmente para a obtenção de dupla nacionalidade — mas isso não é verdade. De todo modo, mesmo se iniciasse meu relato dessa maneira, suspeito que não estaria sendo inteiramente fiel ao princípio da história empresarial de meu pai.

Melhor seria dizer que tudo começa com a chegada do meu avô paterno ao Brasil, nos estertores do século 19. E aqui neste ponto devo me lamentar

José Milani e sua esposa Angelina

profundamente por nunca ter mergulhado a fundo, quando isso ainda era possível, a respeito da história de meus avós. O que posso dizer que sei? Que José Milani nasceu no dia 17 de maio de 1869 em Bassano del Grappa, na província do Vêneto, na Itália. Sei também, por já ter estado lá em duas ocasiões, que o vilarejo em que meu avô nasceu é, ainda hoje, um dos principais produtores de uma das bebidas mais populares da Itália, a grappa, uma pinga feita do bagaço da uva, muito boa.

José Milani era sapateiro e migrou para o Brasil na idade de 22 anos, tendo se estabelecido em uma fazenda no interior de São Paulo. Mais precisamente na já citada Valinhos, então comarca de Campinas, onde passou a trabalhar em uma lavoura de café. Apesar de campesino, concluo que meu avô tivesse uma instrução acima da média de seus patrícios que aqui chegaram, muitos deles analfabetos. Dois são os motivos mais plausíveis para que ele tivesse uma instrução diferenciada: ou porque ele teve a possibilidade de estudar ou então porque era um curioso. Eu, particularmente, acredito mais na segunda hipótese, já que o motivo de sua vinda para a *Merica*, para citar uma famosa música da época, foi o mesmo de milhares de campesinos que precisaram deixar para trás a Itália recém-unificada e em franca depressão econômica.

Não saberia dizer se meu avô aportou no Brasil casado com minha avó ou se eles se casaram quando já estavam estabelecidos aqui. Dona Angelina Bartalo Milani era uma mulher muito quieta, que parecia ter uma grande vocação na vida: criar os filhos. Foram doze no total, todos nascidos em terras brasileiras. Conheci-a como uma mulher extremamente submissa ao marido. E extremamente econômica também. Vivia dizendo: "Ah, Milani! *Fate economia, fate economia*!". Ao que o velho respondia: "Para de falar de economia, Angelina! Estou trabalhando exatamente para isso!".

Pelo gênio que tinha, meu avô chegou disposto a não ser empregado de ninguém. Era um trabalhador nato, mas não braçal. Ambicionava tudo, menos passar a vida colhendo café. Contam que, depois de dez, doze horas por dia na lavoura, José Milani ainda fazia um segundo turno em casa, à noite, sob a luz dos lampiões, consertando os sapatos da freguesia.

Ouvi certa vez a descrição de uma cena curiosa, que teria sido protagonizada por ele. Segundo esse relato, meu avô ia à missa na cidade, todo domingo, carregando nos ombros uma vara da qual pendiam pencas de sapatos consertados. E retornava para casa, ao fim do dia, com a mesma quantidade de sapatos a serem consertados. Achei a imagem bastante interessante: meu avô carregando nas costas uma pequena árvore de sapatos. Teria feito isso por um tempo, até conseguir trocar o serviço na fazenda de café por um trabalho em um armazém de secos e molhados na cidade.

Pouco falante, mas muito arguto, José Milani logo percebeu que, entre os molhados, sabão era sempre um dos mais vendidos. Descobriu mais. Que o processo de saponificação era algo extremamente fácil de fazer. Precisava apenas de três componentes: sebo animal, soda cáustica e sal. Depois, era só esquentar tudo num tacho até derreter, misturar, despejar o conteúdo líquido sobre uma superfície lisa, como uma mesa ou mesmo no chão, e deixar esfriar até endurecer. Em seguida, bastava dividir aquela grande peça em pedaços pequenos, com o auxílio de uma faca.

José Milani não pensou duas vezes. Comprou um tacho de cinquenta litros, feito de folha de flandres, e começou a fazer sabão em casa com a ajuda de minha avó. Esse tacho, vale adiantar, estava, até o momento em que escrevi este livro, na sala do presidente internacional da Gessy Lever.

Pois bem. Um dia, meu avô recebeu a visita de um patrício seu chamado Efren Constato. Este senhor trazia uma proposta de negócio: comprar uma minúscula fábrica de sabão falida, que pertencia a outro patrício de sobrenome Miari. Os olhos de meu avô devem ter brilhado no ato. Assim nasceu

O primeiro tacho comprado por José Milani para a fabricação de sabão, em 1895 (50 litros)

José Milani & Companhia, fundada por José Milani nos fundos de um antigo armazém de Valinhos. Isso aconteceu no mesmo ano em que meu pai veio ao mundo, ou seja, em 1895.

O químico Ettore Manarini e sua esposa Paolina

A FÁBRICA

Meu avô detinha uma visão para os negócios muito aguçada. No chamado "primeiro período" da fábrica, a José Milani & Cia., como qualquer outra indústria de São Paulo, tinha um mercado muito pequeno no Brasil, porque não havia leis que restringissem a importação: quase 100% do que se consumia de produto industrializado aqui no país vinha de fora. Assim como acontecia desde os tempos em que se apresentava ao mundo como uma colônia portuguesa, o Brasil continuava sendo um país essencialmente agrícola. Nesse sentido, não tenho dúvida em afirmar que meu avô foi um pioneiro.

Sua produção inicial de sabão era de cem quilos ao mês. Com a ajuda do químico italiano Ettore Manarini, que conhecia muito bem os segredos da fabricação de sabão, esse número em pouco tempo triplicaria de tamanho. Com o crescimento gradual e contínuo da José Milani & Cia., meu avô começou a trazer seus irmãos da Itália para o Brasil. Todos eles ou viraram sócios da empresa ou trabalharam com José Milani por um tempo.

A certa altura, contudo, devido provavelmente à personalidade muito rígida de meu avô, os irmãos entraram em choque com ele, saíram da empresa e foram se estabelecer em Jundiaí para fazer o que já faziam — sabão. Mas, ao contrário de José Milani, não prosperaram.

Nesse momento, a empresa deixou de se chamar José Milani & Companhia e se tornou José Milani & Filhos. A mudança deve ter acontecido ali por volta de 1910 — e minha dúvida se deve ao fato de que nem meu avô nem ninguém da empresa nunca se preocupou em registrar datas. É sabido, no entanto, que em 1919 a fábrica de meu avô já tinha um alcance estadual, com um parque fabril de 10 mil m^2 de área.

Vale dizer que essa expansão se deu não apenas com a venda de sabão. Em diversas ocasiões, já com a companhia em franca expansão, meu avô movimentou outros negócios. Chegou a ganhar muito dinheiro como comprador de algodão, por exemplo. Também chegou a ganhar dinheiro negociando produtos para terceiros, como uma espécie de intermediário.

Todo esse montante que ganhava por fora, ele injetava no desenvolvimento de sua fábrica. E assim, ao preço de muito suor e persistência, em pouco mais de duas décadas, José Milani havia conseguido erguer — a partir de um tacho de cinquenta litros, sempre é bom lembrar — a maior fábrica de sabão da América do Sul.

TENHO MEMÓRIA

Eu era pequeno e tenho memória de ver aqueles tachos gigantescos, com capacidade para muito mais do que cinquenta litros, repletos de andaimes, e do meu sentimento de medo ao pensar que poderia despencar e desaparecer no fundo de um deles. Via com igual temor aquelas máquinas gigantescas, que recebiam centenas e centenas de sacas de sal vindas diretamente das salinas do Norte para serem misturadas com a mesma quantidade descomunal de sebo animal que chegava à fábrica de trem, pelo desvio da Estrada de Ferro Paulista, construída exclusivamente para a José Milani & Filhos.

Embora me recorde de um homem fechado, que pensava muito e falava pouco, eu tinha muita afinidade com meu avô. Tenho uma lembrança bem viva dele, já aposentado, passando em nossa casa, em Campinas, na ida para sua fazenda, que ficava em Valinhos. O chofer de meu avô era das poucas pessoas que entendiam seu português italianado. Íamos com eles e voltávamos com o furgão carregado de pão, manteiga e leite, para distribuir a alguns funcionários da fábrica já aposentados, que viviam nas redondezas.

Seu José Milani tinha uma noção profunda de seu papel social enquanto empresário. Com aquele seu jeito bruto de ser, como muito ouvi a seu respeito, era uma alma que gostava de agraciar os outros. Nesse sentido, meu avô tinha uma inclinação humana, que mais tarde seria herdada por meu pai. José Milani não se posicionava na sociedade meramente como um industrial, um proprietário, mas como alguém materialmente privilegiado que sabia da importância de distribuir bens aos despossuídos.

Um exemplo disso acontecia todo ano, na época de Natal, quando ele se sentava na porta de seu casarão, na avenida Júlio Mesquita, em Campinas, e passava o dia distribuindo dinheiro aos que tinham a sorte de passar por lá. Era, pensando bem, uma cena um tanto inusitada: meu avô, sentado na porta daquela casa bonita, com um cachorro bem cuidado do seu lado, dando dinheiro a desconhecidos.

Não é preciso negar que ele gostava de se sentir um nobre. Era, de fato e de direito, um senhor de bons modos, vestia-se sempre de forma impecável. Mas era um nobre que distribuía, que procurava ser útil para a sociedade. Esse espírito, eu bem o conheci, porque meu pai também o adquiriu.

UMA NAMORADA CHAMADA GESSY

Meu pai começou a trabalhar com 14 anos na fábrica de meu avô. Não exatamente refestelado atrás de uma mesa de escritório, mandando e desmandando, o peito cheio de pretensões juvenis, como acontece, no início da carreira, com muitos filhos de patrão.

Papai viajava pelas cidades próximas a Valinhos — Mogi-Mirim, Socorro, Monte Mor, Americana... —, puxando dois ou três burros em cujos lombos levava sabão para vender.

Até já existia o trem a ligar essas paradas, mas,

quando papai começou a trabalhar, a fábrica ainda não produzia o suficiente para encher vagões, como aconteceria alguns anos depois.

Nessas viagens, meu pai conheceu muita gente, muitos viajantes e comerciantes. Ele era uma alma bastante social, muito falante, um homem educado, de muita personalidade e ótima aparência. Na época das entregas, trabalhava de dia e estudava à noite para se tornar guarda-livros, que naquele tempo correspondia à profissão que depois passou a ser chamada de contador. O nome da profissão — guarda-livros — baseava-se no fato de o trabalho depender exclusivamente dos livros de entradas e de saídas de mercadorias. Nada além disso. Tanto que o curso que fez era um curso técnico, prático.

Papai era um sujeito interessado e curioso como era o Sr. José Milani. Ele queria produzir. Nesse sentido, arrisco dizer que ele tinha uma mentalidade mais industrial que a de seu pai. Talvez porque esse campo, no Brasil, tenha começado a se desenvolver mais na época dele do que na do meu avô, que contava apenas com aquilo que existia, ou seja, o comércio local.

Mas digamos que houve ali, entre pai e filhos, uma profunda parceria: meu avô ganhou o dinheiro inicial, que deu a oportunidade para que meu pai desenvolvesse ainda mais a companhia a partir de 1919.

Adolfo Milani desde cedo aprendeu a importância de estar próximo a pessoas que tivessem mais conhecimento do que ele a respeito das coisas do mundo. "Com humildade", ele dizia, "a gente tem mais oportunidade de aprender".

Eu, moço, não conseguia entender como o presidente da maior indústria de sabão do Brasil podia falar em humildade. Achava, do alto da minha juvenil ignorância, a palavra quase sinônimo de submissão.

Papai, do seu jeito paciente, me explicava: "Humildade é a capacidade de você deixar o outro falar para você aprender". E seguia: "Tiramos mais proveito ouvindo do que falando. Se você se apresentar como uma pessoa humilde diante de alguém, esse alguém é capaz até mesmo de contar um segredo para você. E você está aprendendo". Papai, eu descobriria com a vida, estava mais uma vez coberto de razão.

Uma das presenças inteligentes que papai conservava sempre por perto era a de um dos donos do laboratório Alvim Freitas, no Rio de Janeiro. Infelizmente, não me recordo o nome desse senhor. Mas me lembro de papai me contar que se tratava de um "sujeito culto", que sempre transmitia conhecimentos úteis para a vida. "E ele ainda fala línguas", papai completava.

Este senhor, um dia, manifestou sua vontade de ingressar no ramo de perfumaria. Propôs sociedade a papai, mas achou que o nome José Milani & Filhos não soava bem. Papai concordou que uma fábrica de perfumaria chamada José Milani não era lá muito compatível com um mercado até então abastecido de produtos que vinham quase que exclusivamente da França.

Há uma série de hipóteses para o surgimento do nome Gessy. A que eu acho mais legítima é a seguinte — e a considero como tal por tê-la ouvido da voz de meu próprio pai. Segundo ele, esse senhor, discutindo um dia sobre um novo nome para a empresa, teria dito a ele: "Minha namorada se chama Gessy, com gê e com ípsilon. Acho um nome bem sonoro, afrancesado. Por que você não põe esse nome?".

Papai concordou que o nome era, de fato, interessante, sonoro, com um quê de modernidade. Quando voltou para Campinas, tratou imediatamente de registrar a marca Gessy.

E, assim, com esse nome, meu pai se tornaria um pioneiro da indústria brasileira de perfumaria e cosméticos nas primeiras décadas do século 20.

É o que sempre digo: as coisas grandes muitas vezes nascem de pequenos momentos.

Fachada do escritório de Campinas, em 1920

Balcões e vitrines promocionais de produtos Gessy no escritório da empresa em Campinas, nos anos 1920

RECLAMES

A perfumaria Gessy, que mais tarde se tornaria a Companhia Gessy Industrial, surgiu como um braço da José Milani & Filhos. Papai, então com 24 anos, primogênito de José Milani, tornou-se o presidente da empresa. Seguindo a ordem de nascimento, o segundo cargo mais importante ficou nas mãos de meu tio José Milani Jr. Na sequência, como diretor industrial, estava Ricardo Manarini, filho de Ettore Manarini.

Ricardo, um sujeito de aspecto fechado até onde minha memória alcança, era cunhado de papai — havia se casado com sua única irmã, Catarina. Nem ela nem nenhum dos outros nove irmãos de papai trabalharam com regularidade na Gessy, posto que eram todos bem mais novos. As figuras que apareciam no meio social representando a Gessy eram apenas estes três: Adolfo Milani, José Milani Jr. e Ricardo Manarini. No meio empresarial, contudo, o nome de influência era mesmo o de Adolfo Milani.

A fábrica de Valinhos, nessa época, já havia começado a expandir seus produtos para além do sabão (e do seu subproduto, a glicerina): perfumes, pó de arroz, creme de barbear, talco, esmalte, brilhantina, óleo para cabelo. Tudo isso saía da fábrica de Valinhos direto para o comércio. Mas a chegada do sabonete Gessy,

*Embalagem contendo três unidades
do sabonete Gessy, de 1920*

*Na Exposição do Centenário da Independência, em 1922,
o sabonete Gessy foi premiado com medalha de ouro*

antes conhecido como Eridano, foi tão marcante para a indústria nacional que o produto chegou até mesmo a ser laureado na exposição comemorativa do primeiro centenário da Independência do Brasil, em 1922 — mesmo ano em que meu avô abriu escritório da empresa na capital paulista. Depois do Gessy, viriam ainda os sabonetes Astúrias, Salus, Flora e Sunlight.

Nesse período, iniciou-se uma preocupação muito forte de Adolfo Milani em propagar a marca Gessy por meio de anúncios em jornais, cartazes, luminosos, alto-falantes urbanos e até mesmo presos nos postes de luz elétrica que começaram a proliferar pelas cidades do interior de São Paulo a partir dos anos 1920.

Adolfo Milani, ao contrário do pai, já possuía uma visão mais global de negócios, cevada não apenas em viagens e contatos, mas em seu hábito de consumir revistas estrangeiras, principalmente as francesas. Não foram poucos os embates para que Adolfo Milani convencesse o pai a investir o mínimo possível na publicação de anúncios em jornais, então conhecidos como os "reclames". José Milani, como muitos empresários de sua época, achava que um bom produto não precisava de ajuda publicitária — se fosse bom, vendia-se por si só.

O primeiro anúncio do sabonete Gessy, "a alma dos toilettes", data de 1928. A repercussão quase imediata nas vendas fez José Milani compreender a influência que essa tal publicidade exercia entre os consumidores. No fim, não apenas admitiu o engano como apoiou de maneira incondicional uma viagem de seu filho mais velho aos Estados Unidos, em 1930, para que ele entrasse em contato com o que havia de mais moderno no universo do marketing.

A viagem, no entanto, era apenas consequência parcial do sucesso da publicidade. Havia ainda uma outra motivação, e mais uma vez foram o espírito inquieto e a verve empreendedora de papai que deixaram claro o que deveria ser feito. A partir da deflagração da Primeira Grande Guerra, em 1914, começou a haver no Brasil um incipiente processo de industrialização motivado por uma queda drástica no preço de máquinas estrangeiras, muitas das quais foram adquiridas por empresários brasileiros.

Ao assumir a Gessy, Adolfo não fez diferente. Ele queria crescer, tornar-se a principal fábrica do ramo no Brasil, mas essa vontade e essa disposição de comprar maquinário novo impunham algumas questões. A principal era descobrir o tamanho do mercado brasileiro e em quanto a produção poderia ser aumentada de forma congruente.

Entusiasta de investigações empíricas, Adolfo planejou a realização de uma pesquisa nacional em termos absolutos para sanar essas dúvidas. Basicamente, a pesquisa traria uma pergunta central, da qual derivariam outras: quais características os sabonetes e artigos de toucador (como eram chamados os cosméticos, na época) deveriam ter? Qual o formato? E o peso? E a tonalidade, isto é, a cor, e a intensidade da fragrância do produto? E, por fim, como deveria ser a embalagem para que os compradores pudessem estocá-la em seus depósitos em grande quantidade?

Ficou claro para meu pai, naquele momento, que havia a necessidade de ter uma unidade de padrão de qualidade em larga escala. Isso faria com que a empresa não só atingisse a liderança, mas tivesse também uma produção factível com os investimentos feitos na fábrica. E, principalmente: mantivesse os preços acessíveis para os consumidores, o que sempre foi uma das principais preocupações de Adolfo Milani.

Responder às perguntas era essencial, pois só assim seria possível entender melhor o consumidor. E entender o que o consumidor desejava possibilitaria a compra do maquinário certo e a consequente modernização da empresa. Com sua humildade e ousadia de sempre, papai percebeu nesse momento que precisava de ajuda. Mais que isso. Para conseguir as respostas que procurava, ele precisava entrar em contato com uma *expertise* que não existia no Brasil de então. Foi com esse espírito que ele

Primeiro veículo de entrega da Gessy, em 1928, em frente ao depósito da empresa na cidade de São Paulo, localizado na Av. Brigadeiro Luiz Antonio

preparou sua ida aos Estados Unidos, numa viagem com ares verdadeiramente aventurescos, em busca de quem entendesse de consumo e marketing.

Toda essa movimentação aconteceu em um momento estratégico para a empresa, que acabava de ingressar na área de alimentos com o lançamento da gordura de coco Tahy, do azeite Olivina e do óleo de amendoim Dular — algo que mostra muito da ousadia de Adolfo Milani.

ANOS 30

A VIAGEM

Durante muito tempo, essa viagem de meu pai aos Estados Unidos permaneceu como um segredo inviolável. Meus irmãos, por exemplo, morreram todos sem saber que ela existiu — e, no entanto, ela não apenas existiu como foi incentivada pelo meu avô José Milani, que enxergou junto com papai uma possibilidade de crescimento imensa para a empresa, com os conhecimentos que ele adquiriria no exterior.

Adolfo Milani tinha dois objetivos em mente: conhecer o efervescente mercado norte-americano e estudar a possibilidade de ter uma assessoria de marketing que ajudasse a Companhia Gessy a se espalhar pelo território brasileiro, além de projetar um futuro internacional para a empresa. Aos 35 anos, papai sentia que sua capacidade era ainda muito limitada nesse aspecto. Ele sentia que a empresa tinha de ter uma organização mais dinâmica, com um conhecimento particular do mercado interno.

No primeiro semestre de 1930, Adolfo Milani entrou em contato, por meio de uma missiva, com um conhecido de Campinas, o doutor Mário de Almeida. Esse senhor servia então no consulado do Brasil em Nova York. Naquela carta, Adolfo Milani expressava a vontade de ir aos Estados Unidos enquanto presidente da Companhia Gessy e pedia ao amigo que fosse seu cicerone oficial, posto que papai não falava uma única palavra em inglês.

Combinaram então uma data em que Mário de Almeida tiraria férias do Consulado Geral para poder acompanhá-lo por Nova York e também por outras cidades norte-americanas.

Foi uma viagem tão sigilosa (imagino eu que para não despertar a curiosidade da concorrência que começava a despontar no mercado brasileiro de sabonetes) que apenas quatro pessoas da família souberam de sua existência: meu avô, meu tio, meu pai e, muitos anos mais tarde, eu.

Dono de um espírito bastante econômico e muito racional no gasto com o dinheiro da empresa, Adolfo Milani conseguiu o transporte aéreo pela extinta empresa Syndicato Condor (que anos mais tarde se tornaria os Serviços Aéreos Cruzeiro do Sul) até o Recife, com paradas no Rio de Janeiro, em Salvador e em Ilhéus.

Papai permaneceu na capital pernambucana por dois ou três dias antes de embarcar no Lloyd Brasileiro para uma viagem de duas semanas, na qual navegaria margeando a costa da América do Sul e da América Central, cruzaria o Golfo do México até atingir alguma ilha, não saberia dizer se hispano-americana ou estadunidense. Ao chegar a essa ilha, Adolfo Milani embarcou em um navio misto (ou seja, de passageiros e carga) de bandeira canadense, no qual viajou até atracar em algum porto americano, provavelmente Miami.

Numa sequência de conexões previamente acertadas por Mário de Almeida ainda no Brasil, sempre por meio de telégrafo, Adolfo Milani embarcou em um avião da agência postal norte-americana e seguiu, numa tumultuosa viagem de vinte horas, pousando e decolando em diversas cidades norte-americanas, até finalmente chegar, perto de vinte dias depois de deixar São Paulo, ao primeiro destino de sua viagem, a cidade de Nova York.

A viagem inteira pelos Estados Unidos durou praticamente o mesmo tempo que ele levou para chegar lá, ou seja, perto de vinte dias. Em Nova

York, Adolfo Milani ficou hospedado na casa de seu cicerone, Mário de Almeida. O endereço onde o cônsul morava, papai me relataria alguns anos mais tarde, quando eu ainda era criança, "era uma construção imensa, como se fossem casas empilhadas umas sobre as outras".

Também me relataria do seu espanto diante dos arranha-céus novaiorquinos: "Filho, só posso imaginar que é falta de espaço", ele me dizia. "São habitações bonitas, algumas mais bonitas do que nossa casa. Só que uma sobre a outra."

Mário de Almeida já havia planejado todas as visitas que papai teria de fazer. Umas das primeiras foi a uma assessoria comercial de produtos de beleza chamada Lovely, localizada na Sexta ou Sétima Avenida, não saberia precisar.

O contato com a Lovely e as informações adquiridas naquela visita seriam de extrema importância para a Gessy, visto que, tempos depois, a empresa daria um passo importante na comercialização de seus produtos, ao modernizar suas embalagens.

Dentre as visitas profissionais de Adolfo Milani, realizadas sob a batuta irrepreensível do Sr. Mário de Almeida, que a tudo acompanhava e a tudo traduzia, uma das mais significativas aconteceu na empresa que, um ano antes de sua viagem aos Estados Unidos, havia sido criada a partir da fusão entre a britânica Lever Brothers e a holandesa Margarine Union: a Unilever.

No mesmo ano em que fora criada, a Unilever havia desembarcado em São Paulo com o nome de Sociedade Anônima Irmãos Lever. Havia justamente sido a chegada desta concorrência específica que acendera o sinal amarelo e faria Adolfo Milani se mobilizar e organizar a viagem à América em busca do próximo salto evolutivo de sua empresa.

E agora, lá estava ele, à sombra dos arranha-céus de Nova York, mais especificamente na sede da Unilever, onde deixaria uma excelente impressão sobre seus conhecimentos a respeito do mercado brasileiro. Sendo ele dotado de um espírito cuidadoso e perspicaz, difícil acreditar que papai tenha entregado tudo o que sabia para o concorrente.

O que sei é exatamente o contrário. O encontro com o pessoal da Unilever e as informações ali trocadas de maneira diplomática por dois concorrentes do setor acenderiam em Adolfo Milani a ideia de contratar os serviços de uma das principais agências de pesquisa mercadológica americanas da época, com o objetivo de fazer um estudo de mercado brasileiro que orientasse a expansão da Gessy para todo o território nacional.

Foi nesse momento de chegada de grandes concorrentes internacionais que ele teve a percepção de como o cenário no Brasil estava mudando e se expandindo. Tão empolgado papai ficou com a descoberta dessa agência de pesquisa que fez questão de ir à Filadélfia conhecer pessoalmente a sede da N.W. Ayer & Son Incorporated, que era muito conhecida na época.

Sempre auxiliado por Mário de Almeida, papai conseguiu convencer os diretores da Ayer & Son de que o Brasil era o grande mercado em ascensão — e não apenas no universo dos produtos de beleza —, e que eles, gigantes do setor de pesquisa, precisavam urgentemente conhecer o país. Com sua verve irrepreensível, Adolfo Milani foi além. Convenceu os diretores a acompanharem-no em sua viagem de regresso ao Brasil, o que foi realizado de forma bem mais ágil do que a ida.

Graças a um avião fretado pelos diretores da Ayer & Son até Miami, e de lá um navio, também fretado, até a cidade de Natal, no Rio Grande do Norte, onde pegariam outro avião até São Paulo, papai e os dois diretores da Ayer & Son conseguiram chegar ao destino final em apenas quatro dias de viagem. Ante os vinte dias de ida, foi praticamente um passeio.

SE É AYER, É BOM

Os dois diretores da Ayer & Son que vieram com papai para o Brasil impuseram apenas uma exigência: que pudessem circular sozinhos pelo país durante duas semanas antes da visita oficial à Companhia Gessy. Isso porque eles queriam estudar o mercado brasileiro de maneira independente, sem a presença dos patrocinadores daquela viagem, escolhendo inclusive hospedar-se em hotéis por conta própria.

A pergunta que eles procuraram responder de forma empírica nesse circuito pelo Brasil era a mesma que papai se fazia frequentemente: afinal, o que querem as consumidoras brasileiras que consomem produtos de limpeza?

Do que lembro papai contar, os diretores da Ayer & Son permaneceram um total de duas semanas em São Paulo, uma semana no Rio de Janeiro e ainda fizeram uma viagem ao Sul do país, mas eu não saberia dizer nem onde exatamente nem por quanto tempo.

Só depois desse giro pelo país foi que eles finalmente marcaram uma visita para conhecer a Gessy. Os diretores norte-americanos passaram mais de dez dias mergulhados na empresa, esquadrinhando todo o processo da Gessy em Valinhos, no escritório de Campinas e no então recém-montado escritório na capital paulista.

O resultado desse mergulho foi um relatório, que seria entregue a papai um ano mais tarde. Nele constava um plano de vendas minucioso, redigido em um português impecável. As recomendações presentes em tal relatório eram excepcionalmente bem feitas e tão atuais que cheguei a ouvir de diversos nomes da área — economistas e administradores do Ministério da Fazenda, bem como professores das Faculdades de Economia e da Fundação Getúlio Vargas — tratar-se de obra repleta de conclusões e recomendações que se mantêm oportunas e úteis.

Para que as novas gerações tenham contato direto com tal documento histórico, anexo ao fim deste modesto livro a íntegra do relatório da Ayer & Son, redigido em 1932 e tido como um trabalho pioneiro no Brasil.

As sugestões dos diretores da Ayer & Son, obviamente, foram seguidas à risca. A partir daí, foi montado um escritório dentro da Gessy no molde dos atuais departamentos de recursos humanos, com psicólogo e analistas a avaliar os candidatos escolhidos a partir de critérios de suas respectivas áreas. E assim teve início uma fase primordial para as novas contratações.

Tempos mais tarde, após uma substancial expansão das fábricas, tanto em nível físico quanto de estafe, a direção da empresa sentiu a necessidade de aumentar a complexidade da atividade contábil e administrativa. Sr. Adolfo tinha muito interesse na qualidade do elemento humano. Por isso, sentindo a necessidade de um profissional com um conhecimento profundo do seu ofício, ele foi pessoalmente em busca de recomendações até a Universidade de Bolonha, na Itália, onde mantinha contato com alguns professores.

Graças às recomendações que obteve, papai retornou ao Brasil na companhia do mais novo contratado da empresa, um professor de Economia da Universidade de Bolonha, o doutor Fabio Calabi, homem calmo e extremamente racional, que viria ocupar o cargo de diretor administrativo e financeiro da empresa por mais de trinta anos.

Entre os novos contratados, havia ainda um gerente de vendas da General Motors, chamado Sr. Dante — infelizmente, não me recordo do sobrenome. Naquele tempo, não era fácil convencer alguém a trocar uma empresa multinacional por uma nacional. Havia uma desconfiança muito grande com relação à incipiente indústria brasileira, e só posso calcular o enorme sacrifício feito pela Gessy para que essa admissão fosse levada adiante.

Por essa época, Adolfo Milani, enquanto presidente da Gessy, também decidiu contratar um técnico para o comando do setor de estudo, pesquisa e análise de novos produtos lançados pela concorrência nacional e, principalmente, estrangeira.

Por manter contato com dois irmãos franceses, Louis e François Amy, que forneciam para a Gessy essências aromáticas da fábrica que comandavam em Grasse, a sessenta quilômetros de Cannes, no sul da França, Adolfo Milani pediu-lhes sugestões de nomes para o posto recém-criado. Recebeu, em resposta, a indicação do diretor de produtos de uma renomada perfumaria europeia.

Esse senhor, de sobrenome, Bouyet era um sujeito tão requisitado que só aceitou mudar-se para o Brasil por um salário alto e algumas mordomias. Papai me contava que havia sido obrigado a alugar uma mansão na Avenida Brasil, então um dos endereços mais caros de São Paulo, para abrigar o Sr. Bouyet e sua família. Também colocou carro com motorista à disposição do novo diretor e ainda garantiu a matrícula dos filhos em uma escola tão excelente quanto cara.

Tudo indica que o investimento valeu a pena, pois esse senhor refinado instalou na Gessy um dos laboratórios mais evoluídos do mundo no que dizia respeito ao desenvolvimento de produtos, com

Fábrica de Grasse, na França, de onde vinham essências aromáticas utilizadas pela Gessy

equipamentos caríssimos, que papai importaria de diversos países, entre os quais a Alemanha.

Tal recinto chegou a ocupar dois andares inteiros do Edifício Gessy, e quem entrasse ali facilmente acreditaria tratar-se de uma genuína indústria farmacêutica, tamanho o número de aparelhos e equipamentos em ação. E, no entanto, tratava-se apenas de um ambiente tecnológico voltado para artigos de perfumaria. Não só.

O Sr. Bouyet comandava uma equipe que também criava cosméticos para embelezar a mulher brasileira, levando em consideração os diferentes tons de pele, formato do rosto, cor dos olhos etc. O produto era desenvolvido no laboratório e o departamento de pesquisa depois investigava quantas pessoas estariam dispostas a comprá-lo. Se houvesse demanda, o item era produzido em larga escala e lançado no mercado.

Naquela época, a comunicação entre a Cia. Gessy e os clientes era feita exclusivamente através dos Correios. Papai, a certa altura, percebeu que o comerciante comum não tinha muita noção de como estocar as mercadorias, nem conhecia a melhor maneira de oferecê-las ao freguês. O que ele fez, então? Reservou parte de um terreno que mantinha na Rua Jaceguai, no bairro da Bela Vista, em São Paulo, para fabricar os cartazes que seriam usados na divulgação dos produtos Gessy nos pontos de venda.

No mesmo endereço, abrigou um novo departamento, voltado para a distribuição dos produtos nos pontos de venda. Para chefiar o setor, contratou um técnico uruguaio com experiência em orientação promocional. Uma das incumbências desse novo gerente era formar uma equipe que colocasse em prática estratégias para tornar os produtos da Gessy mais atraentes e conhecidos do público.

O trabalho acontecia da seguinte forma: a equipe dirigia-se até um estabelecimento comercial e levantava qual era o canto da loja mais iluminado, por qual porta entravam os fregueses, que prateleira tinha mais visibilidade etc. Com o resultado da pesquisa em mãos, o uruguaio entrava em contato com os comerciantes para ajudá-los a organizar, no ponto de venda, os produtos Gessy.

Não era uma tarefa simples, sobretudo porque os donos de armazéns não gostavam que os fabricantes se envolvessem na organização dos produtos nas prateleiras. Ou seja, não bastava chegar à mercearia do Joaquim e dizer: "Nós temos esses sabonetes e queremos que eles fiquem nessa prateleira aqui". Se assim acontecesse, seu Joaquim provavelmente diria: "A casa é minha. O senhor quer me vender, eu compro, mas dizer onde vou colocar a mercadoria, não dá!" Era preciso muito tato, muita diplomacia, coisa que esse uruguaio tinha de sobra.

O que surpreende é que papai e tio José conseguiram realizar todas essas mudanças tendo, por sobre os ombros, um homem com uma visão de negócios do século 19, que era o meu avô — e irmãos que se interessavam apenas em usufruir da Gessy. Como diria anos depois o renomado economista Antonio Delfim Netto, cujo primeiro emprego na vida foi como auxiliar de vendas na Gessy, Adolfo Milani foi o precursor do profissionalismo empresarial no Brasil, ao contratar pessoas altamente qualificadas para postos-chave em sua empresa. E isso sempre foi motivo de orgulho para papai.

Pouco depois da morte de papai, isso já bem mais tarde, nos anos 1970, encontrei dentro de uma carteira que lhe pertencia um recorte de jornal com um artigo que Delfim Netto havia publicado no jornal *O Estado de S. Paulo*. Nesse artigo, Delfim discorria sobre o profissionalismo que havia encontrado na Gessy quando jovem e concluía que aquela havia sido a empresa mais técnica – no bom sentido — que havia conhecido em toda a sua vida.

De fato, Adolfo Milani sempre preferiu a competência ao DNA na hora de formar seu quadro de funcionários. Não havia lugar para nepotismo no organograma da Gessy. Pelo menos, não nos primeiros anos em que a teve sob o seu comando. Mais tarde, para apaziguar os próprios irmãos, papai criaria um conselho especialmente para acomodá-los, obviamente que ao custo de salários polpudos. Na diretoria executiva, contudo, tomou o cuidado de cercar-se apenas de técnicos, cada um na sua respectiva área.

PESQUISAR É FUNDAMENTAL

Além de influenciar na contratação dos novos

executivos, o relatório da Ayer & Son prenunciou uma obsessão de papai com as chamadas pesquisas de mercado. Nada era produzido nas fábricas sem que antes se soubesse o consumidor queria. Pesquisar tornou-se imperativo para Adolfo Milani. Até na vida particular, para dizer aos filhos o que eles podiam ou não fazer, Adolfo Milani pesquisava, inquiria, estudava. Posso dizer, sem falsa modéstia, que meu pai foi pioneiro no uso da pesquisa de mercado na indústria brasileira, tanto no aspecto quantitativo, quanto no psicológico.

No final da década de 1920, o sabão e o sabonete eram os carros-chefes da Gessy. A empresa produzia em torno de duas toneladas diárias do produto para abastecer um mercado de 35 milhões de consumidores. Embora a maior parte dos brasileiros ainda vivesse na zona rural, sem dinheiro para gastar em produtos de perfumaria, Adolfo Milani acreditava que havia espaço para crescer. Estava, mais uma vez, correto em sua aposta.

A revolução de 1930 mudaria bruscamente o cenário econômico e colocaria o país no rumo dessa aposta. Ao afastar do poder as oligarquias tradicionais que representavam os interesses do setor agrário-comercial, Getúlio Vargas adotou uma política de industrialização, incentivada e sistematizada, em um primeiro momento, pelo Estado. A decadência da produção cafeeira provocou um êxodo dos trabalhadores rurais para as cidades, aumentando o mercado consumidor e a mão de obra nas indústrias, principalmente no eixo São Paulo-Rio de Janeiro.

O mercado de sabonetes era então disputado por várias empresas nacionais. Além da Gessy, havia a Eucalol, dos irmãos alemães Paulo e Ricardo Stern, cujo produto mais popular era o sabonete de eucalipto. A Granado, fundada pelo português José Antônio Coxito Granado, que fabricava um popular sabonete glicerinado. E havia a companhia paraense A. L. Silva, fundada no século 19 pelos primos portugueses Antônio e Mario Santiago, e que em 1930 lançou o Phebo Odor de Rosas, de cor negra e formato oval, ainda encontrado, 90 anos depois, nos supermercados e farmácias com a mesma embalagem.

Algumas empresas americanas, como a Colgate-Palmolive, também já marcavam nessa época presença nas prateleiras dos armazéns. Mas foi só a partir de 1937, quando a gigante anglo-holandesa Unilever desembarcou no Brasil, que as indústrias de perfumaria nacionais tiveram de se preocupar com uma concorrência de verdade. Felizmente, a essa altura a Gessy já estava estabelecida no mercado graças à visão de seu presidente, que, como já foi dito, copiara técnicas de vendas e de pesquisa das empresas americanas (a Unilever só ganharia a liderança do mercado brasileiro muitos anos depois — mais precisamente em 1962, depois de comprar a Companhia Gessy).

Na década de 1930, Adolfo Milani sabia que teria que se antecipar à concorrência se quisesse manter a liderança no mercado. Foi quando teve a ideia de criar um produto mais popular, que seria batizado de Flora, voltado para aquelas consumidoras que não pudessem desembolsar alguns mil-réis por uma barra de sabão. Encomendou, então, nova pesquisa para responder às seguintes perguntas:

- Qual tipo de sabonete a dona de casa quer?

- Que preço ela está disposta a pagar?

- Que tamanho a barra deve ter?

- Qual é a forma mais atraente?

- Quais são a cor e o perfume preferidos do brasileiro?

Da necessidade de descobrir essas respostas nasceu um novo departamento dentro da Gessy: o de marketing, expressão anglo-saxônica que começava a ser timidamente pronunciada nas empresas do Brasil de então.

A partir daí, o setor de perfumaria da Gessy cresceu e deu início a um verdadeiro conglomerado em Valinhos. As fábricas eram todas conectadas, mas distintas em suas produções. Agora, além de sabonete, a Gessy produzia batom, esmalte para unhas, pó de arroz, água de colônia, sabão de barba e para axilas (ambos feitos em bastões) — tudo em grandes quantidades.

Por essa época, a empresa começou também a produzir o chamado ruge, um artigo que passou a ser muito procurado pelas brasileiras que queriam deixar a pele do rosto com uma coloração, digamos, mais tropical, condizente com um país onde o sol está presente o ano inteiro. Era um produto com alma 100% nacional, já que não havia esse tipo de preocupação na Europa, por exemplo, onde os meses ensolarados são poucos, resultando em mulheres com uma cútis naturalmente mais pálida.

Mais. Meu pai foi o homem que lançou no mercado brasileiro um milhão de toneladas de creme dental e mais dois milhões de toneladas anuais de outros produtos. Isso foi considerado um diferencial gigantesco para a época, porque a maioria das fábricas em funcionamento tinha uma produção muito limitada.

UM TESTAMENTO

Os irmãos mais novos de Adolfo não se empolgavam com as pesquisas de mercado e criticavam essa obsessão dele em contratar executivos a preço de ouro. O motivo era simples: no entender deles, os salários desses profissionais consumiam parte dos lucros que eles, os filhos do dono, poderiam estar recebendo.

A verdade incontestável é que meus tios não se interessavam pelo futuro da Gessy. Até admitiam que papai fosse um grande empreendedor, respeitavam-no como industrial e se mostravam dispostos a aprovar o que ele quisesse— contanto que continuassem a receber os dividendos de sempre. E isso, no fundo, era uma ameaça real.

Como a companhia se apresentava como uma sociedade limitada, todos os filhos de José Milani eram acionistas igualitários e tinham o mesmo peso na votação. Adolfo e José Milani Jr. poderiam facilmente vir a ser votos vencidos.

Para evitar que a integridade da empresa fosse posta em risco, Adolfo convenceu o pai a fazer um testamento em que as ações seriam transmitidas para os herdeiros segundo três cláusulas.

A primeira — de incomunicabilidade — estipulava que tudo o que um Milani recebesse como herança não poderia ser transmitido ao cônjuge. A segunda — de impenhorabilidade — dizia que o bem recebido por testamento não poderia ser penhorado por dívida do novo proprietário. A terceira cláusula — inalienabilidade — garantia que as ações não poderiam ser vendidas nem doadas pelo beneficiário.

Meu pai insistiu na inclusão dessas cláusulas no testamento de meu avô para garantir que a Gessy continuasse na família. Claro que ele poderia ter imitado um amigo seu, também industrial, e ter comprado sozinho todas as ações da empresa. Mas não o fez.

Ele temia que os irmãos vendessem as ações, gastassem todo o dinheiro e ficassem na miséria. Isso porque, desde o momento em que assumiu os negócios, Adolfo Milani se comportou como pai de seus próprios irmãos, e essa situação era aceita por ambas as partes. Eu mesmo testemunhei em várias ocasiões um de meus tios tratar Adolfo como se fosse seu próprio pai.

CONSERVADOR vs. ESPECULADOR

A Gessy, como já deve estar claro a essa altura, foi fruto do trabalho de José Milani e de seus dois filhos mais velhos, Adolfo e José Milani Jr. — mas, sobretudo, de papai. Meu tio José interessava-se pela empresa, só que era um interesse a curto prazo, focado no presente, pois não teve filhos a quem legar sua parte nos negócios.

Quando meu avô se retirou da Gessy, em 1930, ele entregou a presidência das fábricas para seu primogênito, Adolfo. Foi uma sucessão tranquila, pois ambos compartilhavam da mesma visão de negócios. Além disso, José Milani sabia que Adolfo tinha uma qualidade essencial para o futuro da companhia, que era a facilidade de fazer contatos.

José Milani Jr. não tinha o carisma do irmão mais velho, mas possuía um bom tino comercial. Por isso, assumiu o setor de compras da empresa. Nesse departamento, acompanhava as safras dos produtos e, quando ficava sabendo de uma safra excepcional, antecipava a compra de toda a produção para depois revendê-la a outras indústrias. Ganhava, dessa forma, não apenas com o subproduto utilizado na Gessy, mas também com a especulação.

Adolfo não era muito afeito a esse modo de fazer negócios de José Milani Jr. Achava que o irmão comprometia demais o capital de giro da empresa. Para o recém-empossado presidente da Gessy, os recursos financeiros deveriam ser mantidos em estoque e reaplicados na fábrica conforme a necessidade. Embora admitisse que a especulação podia garantir lucros muito acima da média do mercado em um curto espaço de tempo, papai temia os enormes riscos dessa estratégia. Era, no fim das contas, um conservador.

Certa vez, ele me disse que o irmão José era um empresário perigoso. De certa forma, tinha razão. A Gessy teve dificuldade em honrar seus compromissos em determinada ocasião justamente por causa dessa tendência de meu tio para especular. A empresa só não ficou em uma situação precária porque papai mantinha contato com vários banqueiros, que cobriram as compras extras feitas por José Milani Jr.

Talvez meu tio se comportasse dessa maneira para marcar território. Ele sentia certa dificuldade em aceitar a liderança de papai, já que havia apenas um ano e meio de diferença entre eles.

Durante muitos anos, houve desentendimentos entre os dois irmãos. A sociedade terminou dando certo, mas à custa, acredito eu, de muitas dores de cabeça para meu pai.

CASA TOZAN

Eis um assunto que coloco neste livro de memórias com pequenas e particulares restrições, mas o faço mesmo assim para jogar luz sobre o caráter ético e moral do Sr. Adolfo. Casa Tozan era o nome comercial de uma entidade agrícola instituída por volta de 1930, em Campinas, pelo governo japonês, que adquirira uma vasta extensão de terras, posteriormente unificadas sob a denominação de Fazenda Mont'Este. Puxo de memória o provável tamanho original dessa propriedade: 5 mil alqueires.

O objetivo do governo japonês, ao adquirir essas terras, era dar uma assistência aos imigrantes japoneses que vinham aportando no Brasil desde 1908 sem ter para onde ir. Em poucos anos, a entidade cresceu tanto que muitas secretarias de Agricultura do país — municipais, estaduais e até mesmo federais —, entre outras entidades agrícolas, se pautaram nela, incluindo o Instituto Agrícola de Campinas.

No início dos anos 1940, quando o Brasil entrou na Segunda Guerra ao lado das forças aliadas, o governo de Getúlio Vargas, por força de lei, desapropriou todo e qualquer bem imóvel do território nacional pertencente a estrangeiros de origem alemã, italiana e japonesa, ou seja, originários dos países do Eixo, inimigos dos aliados.

Por essa ocasião, um grupo de patriotas brasileiros residentes em Campinas conseguiu, de forma rápida, mas não sem algum esforço, transferir a propriedade da Casa Tozan e da Fazenda Mont'Este para as mãos de um pequeno conjunto de cidadãos escolhidos pelas associações comerciais e industriais de Campinas. Entre esses cidadãos estava o Sr. Adolfo Milani.

Anos mais tarde, já terminada a Segunda Guerra, o governo brasileiro publicou um novo decreto, ordenando que aquelas propriedades, transferidas de forma compulsória a brasileiros, fossem devolvidas aos antigos proprietários. Sabe-se que, por questão de oportunismo político ou de má-fé, ou, o que é mais certo, uma combinação de ambos, muitos daqueles bens ou não voltaram às mãos de seus donos originais ou foram devolvidos de modo parcial.

Não foi o caso da Casa Tozan e da Fazenda Mont'Este, que foram integralmente restituídas ao governo japonês graças a uma auditoria externa exigida por um dos cidadãos a quem aquelas propriedades haviam sido dadas durante o regime de exceção. Este cidadão ético, posso dizer com orgulho, era o Sr. Adolfo Milani.

*Prédio do setor de Perfumaria e Embalagem de Talco,
Óleos e Loções (Valinhos, por volta de 1930)*

*Fornalha usada para pressão no maquinário
(Valinhos, por volta de 1930)*

Refeitório dos funcionários na fábrica de Valinhos, em 1938

**Um dos setores de Inspeção e Embalagem,
na fábrica de Valinhos, em 1938**

Instalações internas do Laboratório de Inspeção de Qualidade, na entrada e saída de mercadorias, em 1938

Instalação de tratamento de água, em Valinhos, em 1938

Tanques de preparação de massa de sabão, em Valinhos

ANOS 40

UM RESSENTIMENTO

Quando meu avô morreu, em 1945, aos 74 anos, papai era o único de seus doze filhos casado e com núcleo familiar próprio. Tirando também José Milani Jr., que tinha o espírito imbuído de responsabilidade como papai, os outros formavam um grupo de solteirões convictos interessados em continuar vivendo *la dolce vita* às custas dos lucros que recebiam da Gessy.

Culpo meu avô por esse comportamento inconsequente. Em muitas discussões com os filhos mais novos, lembro-me de que se calava quando era ele quem deveria obrigá-los a se calar. A verdade é que José Milani jamais conseguiu controlar os filhos menores. Preocupado como estava em levar adiante a Gessy, deixou que crescessem na bonança.

Meus tios não tinham interesse em trabalhar. E

Um dos primeiros luminosos instalados em edifícios no Brasil foi da Gessy, no Edifício Martinelli, no Centro de São Paulo

por que teriam? Eles eram donos do dinheiro, dirigiam carros de último tipo e viajavam frequentemente para a Europa. Até tinham outras atividades: um estudava medicina, outro teve fazendas. Mas o dinheiro que os sustentava vinha mesmo da Gessy.

Meu pai, que na época já tinha seis filhos e vivia com a mesma quantia oferecida aos irmãos mais novos, tinha dificuldade em aceitar os protestos. "Eu tiro menos dinheiro que qualquer Milani e vivo vinte e quatro horas para essa fábrica. Vocês, que são solteiros, querem tirar mais do que eu?", ele dizia, em momentos de discussão coletiva. Era uma luta que não tinha trégua.

A situação só chegou a um certo ponto de equilíbrio quando, para apaziguar os ânimos, meu pai mexeu no organograma da empresa e colocou os irmãos no conselho diretor, do qual eles começaram a fazer parte e a frequentar como ouvintes. O arranjo funcionou. A partir dali, deixaram de se intrometer tanto na política da empresa. É claro que meu pai e tio José se ressentiam dessa situação. Achavam que havia gente demais recebendo da empresa sem trabalhar. Mas não conseguiam mudar o comportamento dos irmãos. E não foi por falta de interesse de papai.

Ainda em 1929, ele chegou a acompanhar pessoalmente o irmão Alberto até a Alemanha para matriculá-lo no curso de engenharia química de uma respeitada universidade local. Esse era um setor importante para a Gessy, e papai havia prometido ao irmão o posto de diretor industrial da empresa. Ao se ver sozinho em um país estranho, porém, Alberto preferiu se concentrar nas distrações. Não chegou a usar na Gessy o conhecimento adquirido na faculdade, pois morreria alguns anos mais tarde, de cirrose.

Adolfo Milani terminou impondo a vontade perante os outros acionistas, ou seja, seus próprios irmãos, porque tinha autoridade para tanto. Eles reconheciam que o desenvolvimento da Gessy dependia dele, mas o ressentimento nunca desapareceu. Acredito que, para evitar que a mesma situação incômoda se repetisse entre seus filhos, papai tenha feito questão de embutir nas nossas cabeças o valor do trabalho e de incentivar em nós o interesse pelo futuro da empresa.

OS FILHOS

Dos seis filhos que Adolfo Milani teve, Tecla foi a primeira. Veio ao mundo em 1921, e recebeu o nome da santa italiana que curava enfermos e convertia pagãos ao cristianismo.

Papai era da opinião de que todos os filhos precisavam se educar. Tecla cursou o magistério e se tornou professora da Escola Normal. Sua formação foi a melhor possível em uma época em que a mulher ainda era educada para ser apenas "chefe do lar", como se dizia, ou seja, dona de casa.

Duílio, o segundo filho, nasceu em 1922. Foi batizado em homenagem ao cônsul romano que viveu no século 3 a.C. Assim como papai, meu irmão Duílio era muito humilde. Durante algum tempo, chegou até mesmo a morar em uma das casinhas erguidas para os operários das fábricas de Valinhos. Como sua esposa preferiu ficar em São Paulo, Duílio passava a semana na vila industrial e encontrava a esposa nos finais de semana. Duílio era muito reservado, e essa característica o tornaria a vítima ideal da perseguição de meus tios nos corredores da empresa.

Em 1926, meus pais tiveram o terceiro filho, Plínio, mais um nome tirado de um personagem da Roma antiga, o que me faz supor que papai era quem decidia como os filhos iriam se chamar. Criado para fazer futuramente parte dos quadros da Gessy, Plínio chegou ao cargo de diretor de compras da empresa.

Edda nasceu em 1930. Um dos significados de seu nome é "guerreira feliz". Casou-se com um grande empresário e, no momento em que escrevo este livro, é uma senhorinha nonagenária maravilhosa.

Depois dela, veio a Gessy. Há quem acredite que a empresa tinha esse nome em homenagem à minha irmã, mas não é verdade. A criação da Gessy, como já contei, é bem anterior ao nascimento dela.

Eu nasci em 5 de fevereiro de 1933. Sou o último dos seis. Nasci, como meus cinco irmãos, em Campinas.

Desde pequeno compreendi que papai tinha dois amores na vida: a empresa e a família. Não saberia dizer qual era o mais importante para ele. Sei, sim, que sacrificava as poucas horas livres conosco para mergulhar nos livros e documentos, em uma busca interminável por meios de melhorar a gestão das fábricas.

Em 1936, ou seja, quando eu tinha 3 anos, nós nos mudamos para São Paulo. Primeiro e mais importante motivo: porque papai queria expandir a empresa. Segunda razão: porque, vivendo na capital, ele teria mais facilidade para ampliar sua rede de contatos. O endereço administrativo da Gessy passou a ser o edifício Saldanha Marinho, quase em frente ao Largo São Francisco, no centro da cidade, onde depois passou a ficar a Secretaria de Segurança Pública.

Seis andares foram ocupados de início, mas logo

se transformaram no prédio inteiro. Como a Gessy não parava de crescer, depois de um tempo o setor administrativo teve que se mudar para um edifício ainda maior, que ficava na junção das avenidas São João e Ipiranga, na República.

Nós, família, fomos morar na Rua Bela Cintra, a uns cinco quarteirões da Avenida Paulista. Era uma casa boa, confortável, mas alugada. Papai não gostava de gastar o dinheiro que recebia, achava que tudo o que ganhava era para ser reinvestido na empresa. Apesar de pai de seis filhos, Adolfo Milani era o maior credor da Gessy. Ou seja, além de não retirar o dinheiro que lhe era devido, ele ainda emprestava para a companhia.

Papai nunca viajava a passeio, somente a negócios. Mamãe, que sempre foi uma mulher complacente, não reclamava. No fundo, ela também era extremamente comedida, e não gostava da companhia das madames. Por isso, nossas férias quase sempre eram passadas em São Vicente, ou então em uma fazenda que tínhamos perto de Campinas.

Em casa, Adolfo Milani era um pai enérgico, como se diz. Durante a semana, exigia que todos os filhos estivessem sentados à mesa impreterivelmente às 7 da manhã. Papai detestava tomar o café da manhã sozinho. Meus irmãos reclamavam muito dessa rigidez, mas eu não me importava. Papai sempre fez o possível para estar presente nas refeições, nos almoços e jantares durante a semana, e eu gostava disso. Ele aproveitava essas ocasiões para saber como iam os filhos na escola, o que estavam lendo, quem eram seus amigos.

Anos mais tarde, papai mandaria construir uma casa na Avenida Brasil. Quando ficou pronta, mudamos todos para lá. Não era nenhum palacete — definitivamente não crescemos no luxo —, embora fosse muito confortável. Papai tinha a ideia de que luxo demais estraga, talvez pelas discussões financeiras que tinha com os irmãos. Talvez quisesse dar o exemplo, imagino. Apesar de sermos uma família de posses, não tínhamos motorista, por exemplo. Papai só contrataria motorista muito tempo mais tarde, depois de atingir certa idade — na maior parte da vida, ele mesmo dirigia seus carros.

Uma curiosidade antiga me reapareceu à mente enquanto escrevo estas linhas. Quando ainda éramos crianças, lembro que papai tinha um amigo chamado Gastão Fleury Silveira. Gastão era fisioterapeuta e tinha um consultório na Rua 7 de Abril, no centro de São Paulo. Durante muitos anos, papai ia a esse endereço bem cedinho, antes de ir para o trabalho. Havia vezes em que o doutor Gastão ia lá em casa para tirar exames da família inteira. Alguns anos depois, esse amigo de papai fundaria o Laboratório Fleury.

No mais, minha rotina e a de meus irmãos era basicamente ir de casa para a escola e da escola para casa. Isso antes de sermos colocados em internatos. A certa altura, papai achou que colégio interno era o ambiente ideal para adquirirmos uma boa disciplina para a vida.

Até os 15 anos, estudei no colégio São Bento, no Largo de São Bento (onde também estudaram o ex-governador André Franco Montoro e o poeta Haroldo de Campos). Eu voltava para casa apenas nos finais de semana e nas férias.

Embora fosse uma alma econômica, papai jamais poupou dinheiro com nossa educação, ao mesmo tempo em que tentou direcioná-la para os negócios da família. Chegou até mesmo a contratar um psicólogo para conversar comigo e com meus irmãos, a fim de descobrir quais eram nossas aptidões.

Fomos todos educados para que um dia nos tornássemos diretores da Gessy — se tivéssemos capacidade para tanto, é claro. Herança, papai dizia, não torna ninguém dono de nada, e sim a capacidade. Por isso, ele fazia questão de nos dar uma boa formação. Papai quis que aprendêssemos várias línguas. Francês e inglês, segundo ele, eram básicas e fundamentais. O primeiro porque era falado pelas pessoas cultas e o segundo porque era "a língua do trabalho".

UM SUCESSOR

Duílio, o mais velho dos meus irmãos, se formou em engenharia química e fez cursos de administração de empresas em Michigan, nos Estados Unidos. Duílio era tímido, mas terminou assumindo a posição de diretor industrial na Gessy em decorrência de sua capacidade de trabalho e do grande conhecimento técnico da indústria de óleos vegetais. Sempre foi muito honesto e extremamente dedicado à empresa.

Apesar de ser o caçula, eu devo confessar que sempre tive a ambição de me tornar um dia presidente da Companhia Gessy. Foi esse motivo que me levou a estudar marketing, por exemplo. No Brasil da década de 1950, não havia ainda profissionais dessa área — os responsáveis por vendas geralmente faziam parte dos departamentos comerciais das empresas. Somente após a criação de estabelecimentos de ensino como a Escola Superior de Propaganda e Marketing (ESPM), a primeira faculdade do gênero no Brasil, fundada em 1951, é que as funções de pesquisa de mercado e gerência de produtos começaram a ser realmente valorizadas.

Fiz parte da primeira turma formada pela ESPM, que era presidida por um senhor de uma simpatia tremenda, o publicitário gaúcho Rodolfo Lima Martensen, presidente da Lintas, a agência internacional de propaganda que cuidava da Lever. Seu Rodolfo também esteve envolvido no lançamento da marca Rinso, o primeiro sabão em pó comercializado no país.

Em 1953, ingressei na faculdade de Direito da Universidade de São Paulo. Enquanto frequentava as aulas, estagiava na Gessy como homem de vendas. Meu pai achava que eu tinha de pegar a pastinha e ir vender o produto de porta em porta, não importava se estava estudando na faculdade do Largo São Francisco ou na Fundação Getúlio Vargas. Eu tinha, segundo ele, de "sair a campo", como dizia. Assim foi que, ao longo de meses, de segunda a sexta eu deixava o Edifício Gessy bem cedo pela manhã, de pasta na mão, carregando comigo diversas amostras de produtos.

A primeira praça para onde me mandaram foi Poá, a cinquenta quilômetros de São Paulo. Fui também para Embu e outras cidades perto da capital.

Em cada praça que visitava, eu ia batendo na porta de cada comerciante de secos e molhados (como eram conhecidos os armazéns e empórios que vendiam produtos secos, como grãos, e molhados, como produtos de limpeza). Todo quarteirão tinha, pelo menos, dois a três desses armazéns.

Eu não podia aparecer de carro na casa dos clientes para não pensarem que eu era fiscal do imposto de renda, ou algum outro tipo de cobrador, então deixava meu carro em um posto de gasolina, ou estacionado na Praça da Sé, e pegava um ônibus até o destino do dia. Chegava aos clientes, exibia o mostruário, tirava os pedidos. Ao fim do dia, ia buscar meu carro onde o havia estacionado e voltava para casa.

Visitei muitas cidades num raio de cem quilômetros de São Paulo, lugares com ruas de terra, sem pavimento. Lembro que chegava em casa de noite e precisava tirar o sapato enlameado antes de entrar. Ficava um pouco chateado com tudo isso, mas sabia que não adiantava reclamar, ou era capaz de papai me mandar a lugares ainda piores, só para eu aprender. Ele dizia sempre: "Para mandar, precisa fazer". À noite, em casa, o serviço prosseguia, porque era obrigado a fazer o relatório da visita, com uma série de dados: como o cliente me recebeu, como estava a aceitação dos produtos Gessy etc.

Depois dessa fase, passei alguns meses como representante de vendas em cidades mais distantes ainda: Franca, Limeira, Piracicaba, Presidente Prudente... Ia e voltava todos os dias. Chegou uma hora em que não aguentei mais, procurei meu chefe, que era o Arnaldo Otani, o gerente geral de vendas, um homem com um conhecimento profundo do mercado brasileiro, e pedi que ele pleiteasse junto ao meu pai minha volta ao escritório.

Arnaldo não podia decidir sozinho, mas, talvez calculando que um dia eu seria o chefe dele, teve um incentivo a mais para me ajudar a demonstrar que minha formação prática estava concluída, como de fato estava. Isso revela como papai prestigiava todos os funcionários da empresa — e como meu *status* era igual ao de qualquer outro. No fim, eu só fui transferido para o escritório porque Arnaldo intercedeu em meu favor.

Tempos depois, fui fazer estágio em algumas agências de propaganda. Uma delas foi a J. Walter Thompson. A outra foi a Marplan, pioneira nas pesquisas de mercado. Recebi o diploma de marketing em 1954. Nesse período, já cursava à noite o primeiro ano da faculdade de Direito da Universidade de São Paulo, onde me formaria quatro anos depois. Estudava de manhã na USP e à noite ia para a Fundação Getúlio Vargas.

Com esses dois diplomas na mão, papai achava que eu seria a pessoa a pôr em execução o plano de marketing que ele havia traçado para tornar a Gessy conhecida internacionalmente — e então tentou me passar tudo o que havia aprendido. Costumava entrar no meu escritório, fechar a porta e ficar horas discutindo comigo o futuro da companhia.

Vista da fábrica, no início dos anos 1940

Muitas vezes, ele se irritava quando eu ou algum de meus irmãos mostrávamos traços de vaidade.

Certo dia, um irmão meu interrompeu a explicação de alguém, alegando que já sabia de tudo aquilo, e meu pai ficou furioso. "Fique quieto!", disse. "Se você se calar, pode ser que venha a aprender alguma coisa".

Sr. Adolfo costumava dizer: "A vaidade cega o conhecimento, a humildade o esclarece". Acreditava que sempre estamos aprendendo alguma coisa. O dia em que achássemos que sabíamos tudo seria o dia em que nos transformaríamos em ignorantes. Assim era papai. Um homem que acreditava na evolução constante das pessoas, que andava sempre muito bem vestido e barbeado, com o corte de cabelo impecável, e que, apesar do cargo que ocupava, chamava todo mundo de senhor.

Tinha grande respeito por seus funcionários, interessava-se realmente pelos problemas deles. Costumava convocar ao seu escritório o chefe do departamento de pessoal, Irivá Carneiro Ribas, para se informar sobre a vida dos empregados. Depois, quando passava por um setor, dizia: "Ô, Joaquim! Como vai sua mulher, ela está melhor?" O operário ou funcionário ficava surpreso. "Como é que o senhor sabe da doença dela, patrão?" "Ah, eu sei. E estou preocupado. Veja, se precisar de alguma coisa, tenho um bom médico, posso mandá-lo até sua casa". E só por essa pequena atenção, o Joaquim produzia mais.

INCLINAÇÃO SOCIAL

Esse modo, digamos, mais humanizado de comandar a empresa aproximava-o de seus subordinados, que o respeitavam. Meu pai não fazia isso por interesse, não usava a humildade como bandeira, mas como filosofia de vida. Costumava dizer: "Se esse homem está trabalhando para mim, por que não vou ser amigo dele?" Claro que, se uma pessoa não trabalhasse direito, ele a repreendia, mas o fazia sempre de maneira discreta. Tinha a marca de um verdadeiro líder e era reconhecido como tal por muitos de seus contemporâneos.

O ex-senador Roberto Simonsen, que foi um importante industrial e intelectual brasileiro, uma vez me disse que meu pai era um "grande homem". Esse elogio, vindo de quem veio, me comoveu. Não que meu pai se importasse com reconhecimentos. Quando recebia o convite para inaugurar alguma coisa e batizá-la com seu nome, costumava levar na brincadeira: "Quanto você quer para não pôr o meu nome nisso?". Papai detestava honrarias. "Não quero promoção pessoal", costumava dizer. "Promoção é para a minha indústria. Eu sou apenas um fabricante de sabão e sabonete".

Apesar de suas tendências sociais, papai talvez detestasse ouvir essa expressão ligada ao seu nome. Durante toda a vida, autoproclamou-se um homem de direita, embora suas ações o aproximassem mais dos ideais de esquerda. Afinal, sempre trabalhou com o objetivo de produzir para distribuir riqueza. Esforçava-se para oferecer benefícios a todos os seus funcionários, direta e indiretamente — e é essa característica do Sr. Adolfo Milani que eu gostaria de tornar solidamente pública. Ele provou que um homem pode criar riqueza e, ao fazê-lo, beneficiar a sociedade como um todo.

Eu me arriscaria a dizer que Adolfo Milani foi um dos primeiros industriais brasileiros a distribuir benefícios sociais para seus operários. Em 1939, por exemplo, ele ergueu a Vila Gessy em parte do terreno de Valinhos onde havia construído as fábricas. Essa vila operária era formada por oitenta casas, projetadas por um cunhado meu, o arquiteto Lauro Costa Lima. Eram moradas graciosas e muito con-

A Vila Gessy foi construída para moradia dos funcionários

fortáveis, em nada semelhantes às atuais habitações populares mirradas, feitas com material inferior. Tão boas que meu irmão Duílio, como já disse, chegou a morar em uma delas por um bom tempo.

E não era apenas uma questão de conforto. Papai se preocupava com todos os aspectos da vida dos funcionários e de seus familiares. Concebeu e manteve com dinheiro do próprio bolso a construção do Clube Esportivo Gessy, que, de tão organizado, chegou a disputar um dos campeonatos da Federação Paulista de Futebol. Também construiu e organizou dois centros: um médico, com atendimento diário, e outro de abastecimento, que oferecia produtos a custo bem inferior aos dos mercados.

Finalmente, havia a Fundação José Milani, que oferecia crédito através de participação acionária na empresa. Com tantas coisas acontecendo, ele ainda teve a preocupação de deixar todos os funcionários bem informados: criou o jornal *Gessylense*. Tocado pelo gerente de propaganda Milton Ribeiro, elogiado pela imprensa de Campinas, o *Gessylense* chegou a ter tiragem de cinco mil exemplares por dia.

Sr. Adolfo sentia um prazer genuíno em ver todos os seus funcionários ganhando bem, sendo produtivos e levando uma vida feliz. Por causa desse exemplo que tive em casa, nunca entendi muito bem os industriais que enriquecem à custa do trabalho alheio, sem devolver nada em troca. Senti essa diferença com alguns industriais com quem cruzei na vida, em especial na Federação das Indústrias e na Federação do Comércio.

Na Companhia Gessy, asseguro como testemunha ocular que inexistia esse tipo de exploração vertical. Quando eu colocava os pés na empresa, podia sentir a felicidade dos operários e dos funcionários em geral. A meu ver, um empresário precisa cumprir com sua responsabilidade social. Isso Adolfo Milani fez, e de uma maneira tão natural que ele mesmo mal tinha consciência de que o fazia. Era de sua natureza.

ORDEM E PROGRESSO

Papai era um homem religioso, mas com uma fé toda própria. Acreditava em um plano abstrato, na existência de Deus e de uma alma imortal. Era, em suma, um espiritualista. Participava de encontros de estudos religiosos com amigos que pensavam como ele, acreditava piamente no lema positivista *Ordem e Progresso* — achava que não haveria progresso sem ordem, e que esta vinha da eficiência. Tivemos muitas discussões por causa disso. Como eu era de outra geração, dizia que, antes de exigir ordem, era preciso dar educação ao povo. Nesses momentos, ele concordava. Esse era outro traço marcante da personalidade dele: se você desse argumentos com substância, ele aceitava o que era dito.

Papai falava de Benito Mussolini, que foi ditador da Itália de 1922 a 1945, e talvez por isso tenha sido chamado de positivista fascista por alguns colegas. Mas meu pai só admirou os feitos do *Duce* antes de ele se associar ao nazismo. Repudiou de tal modo o comportamento de Mussolini no final da Segunda Guerra que chegou a romper a amizade com alguns amigos fascistas.

Para mim, papai estava mais para um positivista democrata. Gostava que as pessoas progredissem financeiramente, se vestissem bem, falassem bem, se expressassem bem. Na concepção dele, não bastava ter dinheiro no bolso.

Quando ouvia os planos ambiciosos de alguns industriais, de como pretendiam aumentar suas produções, falava: "Vamos primeiro organizar sua empresa, melhorar as condições de vida de seus funcionários. Vamos torná-los consumidores para que possam adquirir essas dez toneladas a mais que você quer colocar no mercado. Se não houver quem consuma, de que servirá aumentar a produção?".

Costumava dizer que não se pode socializar a

pobreza. Acreditava que a distribuição da riqueza era necessária para o desenvolvimento do Brasil. Chegou a espalhar placas pela casa e nos escritórios com esses pensamentos para que os filhos se lembrassem disso. Foi contra o golpe de Getúlio Vargas, mas, em nome da ordem, apoiou seu mandato como presidente durante o Estado Novo.

Gostava principalmente das leis trabalhistas adotadas pelo político gaúcho, que, na ocasião, via como úteis para o desenvolvimento da indústria. Mas sempre foi contrário ao progresso isolado de São Paulo. Embora admitisse ter se beneficiado dele, achava que poderia ter se beneficiado mais ainda se os outros estados brasileiros tivessem tido um crescimento semelhante.

CLUBE DOS VINTE E UM

Esse pensamento, inclusive, estava presente na base da fundação do Clube dos Vinte e Um Irmãos Amigos. Tratava-se de uma sociedade de empresários que se reuniam para trocar ideias sobre como disseminar o dinamismo da indústria paulista pelo país. Muitos de seus membros eram pessoas ligadas à política, mas também havia jornalistas e banqueiros em seu círculo. O ex-presidente Juscelino Kubitschek foi um membro notório.

A finalidade última desse clube era contribuir para o desenvolvimento econômico dos estados brasileiros. Os integrantes do grupo convidavam governadores dos estados para reuniões e se comprometiam a montar indústrias e outros estabelecimentos em seus estados. Isso em uma época em que não existia ainda o BNDES ou as Superintendências de Desenvolvimento Regional.

Naquele tempo — refiro-me às décadas de 1930 e 1940 —, havia certa resistência do resto do país em relação ao estado de São Paulo. Os gaúchos, os alagoanos, os pernambucanos, não gostavam dos paulistas, achavam que queríamos dominar tudo. Tinham essa desconfiança porque durante muito tempo o cenário político brasileiro foi dominado por paulistas e mineiros, na conhecida política do café com leite.

Então, esse clube foi importante ao mostrar que São Paulo era um estado amigo e queria expandir seus negócios e sua riqueza para todo o Brasil. As indústrias paulistas precisavam ampliar o mercado consumidor, e boa parte da matéria-prima que utilizavam vinha de outros estados. Mas também havia algo a ser almejado a médio prazo: melhorar as condições de vida da população de outros estados, porque, só assim, o povo teria condições financeiras para comprar os produtos.

Certa vez, um conhecido empresário de São Paulo quis montar uma fábrica de soda cáustica em Alagoas, mas encontrou enorme dificuldade justamente por ser paulista. Através dos contatos do Vinte e Um Irmãos Amigos, conseguiu derrubar os impedimentos.

Papai também quis montar uma fábrica de óleo vegetal extraído do babaçu no Maranhão, matéria-prima que usava em seus sabonetes, mas encontrou a mesma dificuldade. Graças à mediação do Clube dos Vinte e Um Irmãos Amigos, ele conseguiu convencer o governador do Maranhão de que iria beneficiar a mão de obra local com aquela fábrica, que levaria riqueza ao estado nortista com os impostos que pagaria e outras vantagens mais.

Meu pai, em resumo, era um brasileiro na expressão total da palavra. Queria o desenvolvimento do país como um todo, não apenas do lugar onde vivia e trabalhava. Mais tarde, o Clube dos Vinte e Um Irmãos Amigos de São Paulo reconheceria esse desejo ao instituir o prêmio Adolfo Milani, concedido a personalidades que se destacam em suas áreas de atuação em benefício do Brasil e da coletividade.

Outro reconhecimento veio por meio do Rotary Club, polo central de sua vida inteira, onde colaborou com quase todos os Conselhos desde 1933, quando ajudou a fundar a associação em Campinas,

até sua morte, em 1971. Papai seguia o lema rotaria-
no "Dar de si sem pensar em si" como poucos.

UMA OBSESSÃO

Por toda sua vida, Adolfo Milani teve uma obsessão: formar uma política industrial no Brasil que
corrigisse as falhas de mercado. Para conseguir isso,
arregimentava pessoas, formava grupos de estudos,
importava teorias.

Quando ainda morava em Campinas, além de
ajudar na fundação do Rotary Club, iniciou uma
associação que seria a precursora dos sindicatos pa-
tronais na cidade, a Associação dos Fabricantes de
Produtos de Limpeza.

A mudança da Gessy para São Paulo foi motiva-
da, em parte, por essa vontade de papai de estar
no centro das discussões, pois era nessa cidade que
surgiam as primeiras associações industriais, como
a Federação das Indústrias, criada em 1937. Extremamente sociável, Adolfo Milani tinha carisma e
fazia bom uso dele, energizava as pessoas ao seu
redor, pressionando-as a realizar sempre e mais.

Esse modo de ser influenciaria muita gente, como
o amigo Oscar Muller Caravellas, industrial paulis-

ta que ficaria conhecido como o rei do estanho. Foi papai quem o levou a diversificar sua produção, tornando-o pioneiro na manufatura de cápsulas de estanho prensadas a partir de um disco prévio, usadas nas pontas das bisnagas das pastas de dente. Por muitos anos, as Indústrias Caravellas foram as únicas a produzir esse item no país.

Papai também influenciou o tipógrafo Felício Lanzara, que mais tarde montaria a maior gráfica do Brasil. Ele costumava mostrar ao sr. Lanzara protótipos de design de cosméticos que seus amigos franceses lhe enviavam da Europa, colocando-o a par das últimas tendências no setor. O sr. Lanzara se tornaria amigo íntimo de papai e sua amizade renderia passe livre de papai nas gráficas.

Eu mesmo fui testemunha disso. Muitas vezes, quando ainda era pequeno, acompanhava meu pai até a sede das gráficas Lanzara, que ficava na Rua Piratininga, no bairro do Brás. Sr. Adolfo chegava ali e começava a dar instruções aos operários nas máquinas — às vezes ao próprio Lanzara! — sobre o tom de cor que queria em determinada embalagem, como deveriam ser os bonecos e qual era a melhor reticulagem para tal imagem.

Eu ficava impressionado com aquele seu perfeccionismo, com aquele olhar preciso que ele tinha para produzir invólucros de qualidade para seus artigos de toucador, e também para os cartazes de propaganda que seriam afixados em farmácias e armazéns.

CUIDADOS

A politicagem de papai feita nos bastidores de nada valeria se não fosse o cuidado com a promoção e distribuição dos produtos. A combinação de ambos foi o que permitiu à Gessy ganhar a visibilidade no mercado mundial.

Mesmo itens secundários, como os sabões em barra Águia e Pinheiro, passaram a vender tanto que, em 1936, Adolfo Milani montou mais uma fábrica. Seis anos depois, a Gessy se tornava a maior indústria de sabão do mundo. Papai pensava grande e com convicção: para vender a preço acessível e com qualidade, tinha de produzir muito.

O Águia teve enorme aceitação no mercado. Eram vendidas — e eu guardo esse número com satisfação — vinte toneladas do sabão por dia. Para conseguir essa façanha, Adolfo mantinha quatro linhas de fabricação com máquinas Malzone importadas da Itália. O Águia tinha a cor natural do sabão, um marrom tendendo para o escuro. Já o Pinheiro era mais claro, transparente. Nem um nem outro tinham perfume porque, na década de 1930, havia uma tributação maior para produtos de perfumaria, o que encarecia o item. Como se tratava de produtos populares, ambos tinham que manter um preço acessível.

Essa dificuldade seria mais tarde superada com o lançamento do Minerva rosado, que levava na embalagem a imagem de dona Minervina no tanque. O Minerva centralizaria toda a atenção da empresa e se tornaria, em pouco tempo, sinônimo de sabão, da mesma forma que a marca Gilette ficou diretamente relacionada à lâmina de barbear.

Graças a um sistema de distribuição primoroso, a Gessy tinha, às vésperas da Segunda Grande Guerra, perto de trezentos mil clientes — formados, em grande parte, por armazéns e empórios espalhados em todo o território nacional. As cidades recebiam as mercadorias através de grandes armazéns abastecidos pela própria companhia. A partir dali, o produto era distribuído para os pequenos comerciantes de bairro. Muitas vezes, varejistas que moravam em povoados mais distantes iam buscar o produto em lombo de burro, tamanha era a precariedade dos transportes. É possível dizer, sem exagero, que todas as cidades do Brasil recebiam os produtos Gessy.

Inicialmente, a Companhia não vendia para o

atacado: oferecia o mesmo preço para quem comprasse uma caixa de sabão ou para quem levasse uma grosa, ou seja, doze dúzias do produto. Depois, precisou mudar a estratégia porque os clientes começaram a reclamar. Foi criado, então, um meio-termo: uma embalagem com dezoito pedaços de sabão. Vendiam-se, nesse tempo, cinquenta mil caixas desse tipo.

Restava um problema técnico a ser resolvido: como manter a umidade do produto, já que barra de sabão precisava ser consumida ainda úmida? Caso contrário, endurecia e perdia parte da saponificação. A questão foi resolvida embalando em folhas de papel celofane o produto, que conservava uma circulação de ar interna, "respirava", o que mantinha o equilíbrio dinâmico de umidade do sabão.

Outra grande preocupação de papai era o cuidado com o transporte das mercadorias. Ele temia que o formato de seus sabonetes se deformasse até que eles chegassem às mãos do consumidor final. Por isso, entrou em contato com empresários do setor de embalagens para resolver esse problema. Por meio de estudos e de muita discussão, chegaram ao protótipo da embalagem perfeita, feita com várias folhas de papelão sobrepostas, sendo que uma delas era corrugada e tinha de dois a três centímetros de espessura.

Durante o transporte, essa embalagem mantinha a mercadoria intacta, mesmo sob forte impacto. Há décadas, quase todos os produtos são embalados em caixas de papelão corrugado, mas naquela época isso foi uma revelação. A firma Ribeiro Costa se tornaria grande produtora desse tipo de embalagem, e o Grupo Suzano e outras empresas brasileiras de papel e papelão ganharam força com aquela preocupação inicial de papai com o transporte dos produtos da Gessy.

Embora o papelão corrugado tenha feito com que as mercadorias chegassem ao seu destino em perfeito estado, os comerciantes começaram a perceber que algumas caixas apresentavam manchas de umidade, o que comprometia a apresentação do produto. Através de seu laboratório de pesquisas, a Gessy então criou um tipo de impermeabilizante líquido que colocava no interior da embalagem para torná-la impermeável.

Todos esses cuidados diferenciaram a Gessy dos concorrentes, e permitiram que a empresa passasse a vender cinco ou seis mil toneladas de sabão por mês no início da década de 1940.

Até que veio a Segunda Grande Guerra.

O Brasil ingressou no conflito tardiamente. No

sempre foi côr de rosa

e é a marca mais antiga da Companhia no Brasil, ainda em produção. Já adivinharam, com certeza, que estamos falando do Sabonete Gessy. Nasceu com o nome, a côr e a forma que conserva até hoje. Quanto ao resto, incluindo fórmula e perfume, mudou muito e sempre para melhor.
Sua vida de mais de meio século tem sido de progresso e de sucesso.
A idéia de fabricar um sabonete na então fábrica de sabão, foi uma idéia pioneira, pois, na época o brasileiro tomava banho exclusivamente com sabonete importado.

TUDO ERA "FEITO A MÃO"

Começou a ser fabricado em tacho de 500 quilos, resfriado em moldes de madeira, cortado em flocos e secado ao sol, todo o trabalho era manual. Também na fase de feitura do sabonete pròpriamente dito, até o corte, embalagem e acondicionamento era tudo feito à mão.
Anos depois as máquinas foram sendo introduzidas, mas êsse progresso foi tendo lugar aos poucos e até 1940 ainda era embrulhado à mão.
Não é nem preciso dizer, vocês sabem, agora o processo de fabricação é completamente mecanizado.

E O PROCESSO QUAL É?

E' mecanizado muito bem, mas e o processo qual é?
As matérias primas recebidas são purificadas e submetidas a tratamento. Depois de saponificada a massa base do sabão passa por máquinas onde é resfriada, perdendo a umidade e atingindo o ponto em que pode receber a côr e o perfume. Devidamente misturada e passada por cilindros especiais chega à máquina que lhe dá forma e passa para as máquinas de acondicionamento.

TEVE SUA CÔR AMEAÇADA

Foi mais ou menos há uns vinte anos. Pensou-se sèriamente em trocar a côr do sabonete Gessy. Isso não aconteceu, porque na ocasião foi feita pesquisa que provou que a côr de rosa estava associada ao nome Gessy.
O que mais tem variado, além do aperfeiçoamento da fórmula, tem sido o perfume e o envoltório.
Pelo estilo do envoltório pode-se precisar as datas em que foram usados e Gessy já mudou muitas vêzes de vestido.

A PROPAGANDA VEIO DEPOIS

Em volta de 1930 a propaganda começou a ter certo impulso no Brasil e o sabonete Gessy recebeu sua primeira verba publicitária; 60 contos para um ano. E olhe lá que essa verba foi muito discutida antes de ser aprovada! Verdade que eram 60 contos daquele tempo...
A propaganda surtiu efeito (anúncio de jornal) a divulgação aumentou a procura e esta aumentou a produção.
Sua imagem de propaganda, desde o início, tem tido a mesma diretriz onde o produto não é apresentado com sofisticação, mas atendendo às qualidades reais como espuma, perfume, etc. Ao mesmo tempo tem se mantido fiel à idéia de apresentar mulheres bonitas (Marta Rocha pousou para Gessy), usando o produto.

*Artigo dos anos 1940 retratando
a bem-sucedida história do sabonete Gessy*

dia 22 de agosto de 1942, após navios mercantes brasileiros serem torpedeados por submarinos alemães, Getúlio Vargas declarou guerra aos países do Eixo. O impacto inicial dessa decisão sobre a economia foi inflação, recessão e escassez de divisas, mas isso durou pouco. A retração das importações de países europeus, afetados por bloqueios comerciais, abriu uma janela de consumo que foi rapidamente explorada pelas indústrias brasileiras.

Foi também por essa época que o Banco do Brasil, por meio de sua carteira de crédito geral, começou a bancar projetos a longo prazo para acelerar a industrialização. Segundo papai, só se podia encaminhar os pedidos de empréstimo diretamente na matriz do banco, que ficava no Rio de Janeiro. Por isso, ele passou a fazer a ponte aérea, apesar de contar com uma filial da Gessy naquela cidade. O escritório carioca era gerenciado por um senhor baixinho, o Nelson de Almeida, espírito extremamente dinâmico. Meu pai tinha muita simpatia pelo trabalho que ele fazia, e tentou, diversas vezes, convencê-lo a ocupar o cargo de diretor comercial em São Paulo. Nelson, no entanto, jamais aceitou deixar o Rio.

Mesmo com todas as adversidades, as contenções de guerra não atingiram a Gessy. Chego até mesmo a acreditar que o consumo interno se multiplicou nesse período. Além de oferecer produtos de boa qualidade, preço acessível e distribuição impecável, a Gessy soube aproveitar o nacionalismo da época para promover suas vendas.

Em um anúncio na revista *O Cruzeiro* de 20 de janeiro de 1945, a empresa comemorou seus cinquenta anos proclamando-se "a serviço da eugenia e da beleza". A Gessy continuaria utilizando esse *slogan* até o final da guerra, quando a palavra eugenia foi associada aos nazistas e virou tabu. A partir de então, seus anúncios passaram a valorizar apenas a beleza. Em 1946, a FIESP reconheceu a Gessy como a segunda companhia de capital nacional com maior venda líquida no Brasil e em toda a América do Sul.

EDIFÍCIO GESSY

Em 1947, o Sr. Adolfo comprou um terreno no centro de São Paulo, mais precisamente na Praça da República, então considerado o ponto mais nobre da cidade. Seu intuito era construir um edifício que concentrasse em um único endereço os escritórios gerais de sua empresa, o futuro Banco Gessy, bem como os laboratórios de análises e pesquisas.

Tanto os escritórios — para onde seriam removidos os seiscentos funcionários que trabalhavam em uma dezena de departamentos específicos da companhia — quanto o Banco Gessy eram mais um pioneirismo saído da mente incansável do Sr. Adolfo. Seu sonho de erguer essa entidade tinha um objetivo duplo: financiar o irrefreável crescimento da companhia e abrigar a maioria das empresas industriais que eram seus fornecedores tradicionais.

A preocupação de papai com a qualidade do que produzia beirava a neurose. Devido ao considerável volume de compras mensais de matéria-prima por parte da Gessy, esses fornecedores já permitiam que os técnicos da companhia, e principalmente o Sr. Adolfo, orientassem sua organização e interviessem no fluxo de acordo com as necessidades da Gessy. Com a empresa e seus fornecedores instalados no mesmo edifício, todo esse trânsito de comunicação se tornaria ainda mais fácil e produtivo.

Houve bem mais de uma ocasião em que essas empresas fornecedoras precisaram de financiamento imediato para a aquisição de novas máquinas, de modo a não interromper as crescentes encomendas da Gessy, e sempre dentro das especificações próprias da companhia. Se a Gessy crescia — este era o mote —, todos cresciam juntos. Justamente para manter esse mote viável a longo prazo foi que o Sr. Adolfo imaginou a criação de um banco próprio de financiamento, o Banco Gessy.

O banco ocuparia dois andares — o térreo e o subsolo — do novo Edifício Gessy e, na projeção do

Sr. Adolfo, teria uma novidade em relação às maiores casas então existentes no país, como o Banco do Brasil e o próprio Banco Central: um cofre e divisões blindadas tão modernas que o Ministério da Fazenda só permitia sua instalação em agências do exterior. Graças à sua perseverança e a uma política insinuante que fez junto a entidades como a FIESP, o Clube dos Vinte e Um Irmãos Amigos e o Rotary, o Sr. Adolfo terminou conseguindo autorização federal para importar os tais equipamentos de segurança para seu banco.

As novidades do empreendimento não terminavam aí. Para tornar possível a instalação do Laboratório de Pesquisa e Análises da Gessy nos moldes que havia imaginado, papai importou uma série de aparelhos da Suíça, da Alemanha e da França, tão modernos quanto inéditos no Brasil, investindo, na ocasião, cerca de um milhão de dólares.

Para comandar o laboratório da Gessy, contratou um engenheiro que era diretor dos laboratórios da La Roche, na Suíça, que trabalharia em parceria com o engenheiro químico Adhemar Adobatte, que era formado pela Escola Politécnica de São Paulo. Papai dizia que, para os cargos chave, "um é bom, dois é melhor". O investimento humano era, na visão dele, um dos fatores que tornavam uma empresa sustentável.

O edifício Gessy foi projetado pelo renomado arquiteto Alfredo Ernesto Becker, na época o queridinho de todos os grandes empresários de São Paulo (e que mais tarde se associaria a seu genro, o também arquiteto Lauro da Costa Lima). Os elevadores foram encomendados à marca Otis. Fabricados nos Estados Unidos especificamente para a Gessy, eram revestidos de aço inoxidável, tinham sistema mecânico exclusivo, o que tornaria os elevadores da Gessy os mais velozes do país.

As novidades na construção do prédio não terminavam aí. Os caixilhos eram de alumínio, feitos pela Fischert-Schwartsman da França. As paredes externas e internas do edifício eram de mármore rústico italiano polido. O piso interno era de mármore Calacata espanhol. Os lambris das paredes divisórias, feitos com madeira de jacarandá da Bahia, foram produzidos pela marcenaria do Liceu de Artes e Ofícios. E toda a vidraria foi composta com cristais belgas.

Se a lembrança me permitir, afirmaria que todo o edifício Gessy, construído entre 1950 e 1955, custou o valor de cinquenta e cinco milhões de cruzeiros da época, algo em torno de cento e oitenta milhões de reais em valores atuais. Por muitos e muitos anos, arquitetos do Brasil e do exterior vinham a São Paulo apenas para admirar seu luxo e sua imponência.

Fachada da fábrica e dos escritórios de Valinhos

Prédio destinado ao estoque de matérias-primas, na fábrica de Valinhos

Prédio de extração de óleos, na fábrica de Valinhos

Refinação de gordura, na fábrica de Valinhos

Casa de caldeiras, na fábrica de Valinhos

Armazém de sacaria de sementes de babaçu, na fábrica de Valinhos

Funcionários reunidos na fábrica de Valinhos

Recolhimento de sebo, na fábrica de Valinhos

Teste de salinidade do sabão, feito de maneira manual, na fábrica de Valinhos

Sala de tachos, na fábrica de Valinhos

Final da linha da fábrica de sabões, em Valinhos

Detalhe da fábrica de sabões, em Valinhos

Armazém de produtos acabados, em Valinhos

Fábrica de sabonetes, em Valinhos

Foto de 1945 mostrando que a maioria dos trabalhadores no empacotamento era formada por mulheres

*Máquinas americanas e italianas eram utilizadas
para a embalagem de sabonetes*

ANOS 50

O SABONETE DAS ESTRELAS

No começo da década de 1950, Adolfo Milani contratou uma grande empresa de registro de marcas e patentes chamada Mercúrio para registrar em Genebra, na Suíça, todos os produtos da Cia. Gessy. Fez isso como garantia para quando sua empresa se tornasse internacional, uma ambição que ele cultivava havia tempos. Esse cuidado seria recompensado anos depois, quando a Unilever entrou na justiça contra a Gessy em um caso complicado que foi parar no Supremo Tribunal Federal.

A disputa foi pela marca Lux, que tinha como *slogan* "o sabonete das estrelas". A inglesa Lever Brothers, que depois daria origem à anglo-holandesa Unilever, havia lançado o sabonete em 1925 nos Estados Unidos, associando-o à beleza e ao carisma de personalidades femininas no auge da fama, como as estrelas hollywoodianas Rita Hayworth e Esther

Williams. O produto chegou ao Brasil em 1932, mas precisou ser rebatizado de Lever porque a marca Lux já era usada aqui.

No caso que foi parar no STF, a Unilever defendia que a marca era dela porque já vinha comercializando o sabonete desde 1925. Contudo, como o nome já estava registrado no Brasil quando o país assinou o termo de Marcas e Patentes numa convenção internacional, foi respeitado o princípio de anterioridade — e assim foi decidido que a Cia. Gessy detinha direito à marca Lux, e não a Unilever.

No início dos anos 1950, o sabonete Gessy dominava nada menos que 70% do mercado brasileiro. Parte desse sucesso se devia aos gastos com propaganda. Segundo dados coletados no Anuário de Publicidade, entre os maiores anunciantes de 1953 figuravam fabricantes de produtos de higiene pessoal, perfumaria e afins, como a Cia. Industrial Gessy, que naquele ano investiu 27 milhões de cruzeiros (algo em torno de 135 milhões de reais de 2021) só em propaganda, e outros 2 milhões de cruzeiros (10 milhões de reais) em promoção.

Apesar disso, o sabonete Gessy ainda apresentava a mesma embalagem e a mesma imagem de quando foi criado, em 1913: uma moça sentindo o perfume de uma rosa sobre um fundo infinito. Tudo bem que a imagem passava uma boa mensagem de asseio e era conhecido do público — mas que estava se tornando defasada, estava.

Se até a década de 1940 a propaganda de produtos de higiene e de limpeza esteve mais ligada à saúde, depois da Segunda Guerra Mundial os fabricantes de perfumaria passaram a usar argumentos em defesa da beleza, da maciez da pele e da juventude. Isso quando não enalteciam a economia do produto no orçamento doméstico.

Cartazes colados em bondes e na fachada de prédios, anúncios publicados em revistas e em jornais eram cada vez mais ilustrados por mulheres jovens, bonitas e sorridentes. Atrizes do cinema americano, misses ou estrelas de programas de rádio eram as mais cotadas para representar o ideal buscado por todas as mulheres.

Sempre querendo crescer e produzir mais, Adolfo Milani contratou os serviços de uma empresa americana, a Raymond Loewy Associates. Para quem não sabe, Raymond Loewy foi um dos designers industriais mais conhecidos do século 20, responsável por adicionar as letras brancas na garrafa da Coca-Cola e capa de uma edição da revista *Time*, em 1949.

A Raymond Loewy Associates inaugurou uma filial no centro de São Paulo que teve curta duração,

O investimento em propaganda envolvia diversas ações, como os cartazes afixados em bondes

mas contou, entre seus principais clientes, com a Peixe e o grupo Matarazzo. Sua equipe de designers era comandada por um californiano ousado e genial chamado Charles Simpson Bosworth, que ficou responsável por redesenhar a embalagem de todos os produtos da Gessy.

Além da Raymond Loewy, a Companhia Gessy também era cliente da agência de publicidade J. Walter Thompson, que desde 1929 ajudava empresas no Brasil a acompanhar as tendências do mercado. O diretor de propaganda do escritório brasileiro da J. Walter Thompson chamava-se Renato Castelo Branco (ele depois montaria sua própria agência, que deixou para o filho, Erimar Castelo Branco). Renato era um grande amigo de papai e da Gessy, e vibrava como se fosse da família com os lançamentos dos nossos produtos. Ele dizia que era fácil trabalhar conosco, porque tudo o que procurava fazer de melhor a Gessy já havia feito.

Outra empresa de propaganda que cuidava da parte de produtos da Gessy era a McCann Ericsson, dirigida na ocasião pelos publicitários Armando de Moraes Sarmento e David Monteiro. Devido ao estrondoso sucesso das campanhas que produziram para a Gessy, Armando se tornaria presidente internacional da agência e David, seu presidente nacional.

E por que tanta agência para uma empresa só? Despesas com publicidade eram necessárias porque o mercado brasileiro estava cada vez mais competitivo. Papai sabia que, para fixar a marca na mente do consumidor, era preciso investir em propaganda. E sabemos que propaganda muitas vezes pede um rosto conhecido do público, para que ele possa se identificar de algum jeito.

Foi então decidido que, para coroar o lançamento da nova embalagem de nosso sabonete, iríamos patrocinar a candidata a Miss Universo, Martha

AS EMBALAGENS GESSY NOS ULTIMOS 30 ANOS

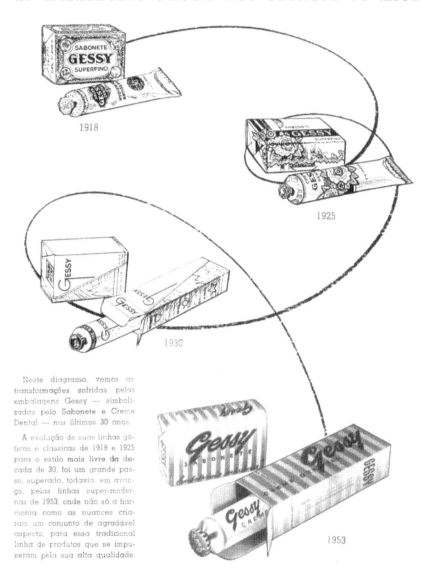

Neste diagrama, vemos as transformações sofridas pelas embalagens Gessy — simbolizadas pelo Sabonete e Creme Dental — nos últimos 30 anos.

A evolução de suas linhas góticas e clássicas de 1918 e 1925 para o estilo mais livre da década de 30, foi um grande passo, superado, todavia, em avanço, pelas linhas super-modernas de 1953, onde não só a harmonia como as nuances criaram um conjunto de agradável aspecto, para essa tradicional linha de produtos que se impuseram pela sua alta qualidade.

As mudanças nas embalagens dos produtos Gessy, entre 1918 e 1953

Anúncios veiculados nos anos 1930 (no alto) e na década de 1950

Rocha, uma baiana lindíssima de olhos azuis que havia vencido o concurso de Miss Brasil aos 18 anos.

Em julho de 1954, ela havia terminado em segundo lugar no concurso de Miss Universo, perdendo para a americana Mirian Stevenson — tudo por causa de um critério não muito honesto de que ela teria, imaginem o absurdo, duas polegadas a mais no quadril. A injustiça ficou tão incutida na mentalidade do povo que, no carnaval seguinte, todos os cordões fizeram marchinhas sobre as duas polegadas extras da Martha Rocha. Uma delas dizia: "*Por duas polegadas a mais, passaram a baiana pra trás/Por duas polegadas, e logo nos quadris/Tem dó, tem dó, seu*

Adolfo Milani com a Miss Brasil Martha Rocha, na Gessy

A Miss Brasil Martha Rocha como garota-propaganda dos sabonetes Gessy

juiz!". Foi um fato conhecido mundialmente. Fechamos um contrato com Martha Rocha para que ela fosse a garota-propaganda da Cia. Gessy e o resultado não poderia ter sido outro senão um sucesso estrondoso.

Não foi a única celebridade a ser recrutada pela Gessy. O Nhô Totico era um cômico muito popular nos anos 1950, um dos maiores humoristas da era de ouro da rádio brasileira. Chamado de "O Rei do Riso", ele interpretava, sozinho, todos os personagens da "Escolinha de Dona Olinda", um programa familiar exibido pela Rádio Cultura — cujo patrocinador era o sabonete Gessy. Uma das minhas tarefas como estagiário da empresa era emitir tíquetes de entrada para o público assistir a Nhô Totico no auditório da rádio, que ficava no bairro dos Jardins, em São Paulo.

Eu tinha um bloco à mão e ficava carimbando as entradas. Lembro-me de que, na época, havia uma oferta: você comprava a caixa com três sabonetes Gessy e ganhava uma figura representando um dos personagens interpretados por Nhô Totico. Quem completasse a turma toda ganhava um vale para concorrer a um apartamento em São Vicente. O apartamento ficava em um prédio que meu pai e meu tio estavam construindo no litoral paulista e no qual haviam reservado duas ou três unidades para sortear entre os consumidores da marca.

O patrocínio exclusivo da Cia. Gessy era a primeira etapa do plano de propaganda feito sob medida para a empresa. Incluía o patrocínio de programas humorísticos e de novelas no rádio. *Jingles*, *spots* e radionovelas compunham um arsenal poderoso, utilizado pelas principais companhias de perfumaria. A força do rádio, principal veículo de comunicação de então, foi decisiva para o crescimento da marca Gessy.

NAS GÔNDOLAS

Em meados dos anos 1950, a Cia. Gessy era a maior anunciante no rádio e na televisão do país e líder absoluta de mercado com o sabonete e o sabão Minerva. A pasta de dentes Gessy vinha em segundo lugar na preferência dos consumidores, atrás apenas da Kolynos. O nosso talco ficava atrás apenas do da Johnson's. Os cosméticos iam razoavelmente bem, mas papai já notava a necessidade de dar uma atenção ainda mais específica a todos esses produtos.

De maneira cada vez mais insistente, Sr. Adolfo ensaiava fazer com que os cosméticos Gessy fossem vendidos de porta em porta. Era uma tendência que ele já havia detectado duas décadas antes, em sua viagem aos Estados Unidos, e também no que absorvia lendo revistas estrangeiras e nas suas relações com as empresas de marketing. Defendia que existia potencial para o *door to door* por um motivo simples: as brasileiras almejavam um contato mais próximo com as vendedoras para poder fazer perguntas específicas, como, por exemplo, a base mais apropriada para seu tipo de pele ou que tom de batom combinava mais com a cor de seus olhos. Coisas assim.

Antes de levar esse plano adiante, porém, Adolfo Milani precisava cuidar de uma outra mudança no cenário econômico nacional. Em 1953, começaram a surgir estabelecimentos que rivalizavam com as tradicionais mercearias e quitandas. Eram lojas grandes, com centenas de itens e o curioso método de pagar na saída. Segundo o jornal *A Folha da Manhã*, o primeiro "grande armazém" a abrir em São Paulo teria sido o Super Mercados Americanos Ltda., na Rua 13 de Maio, propriedade de um tal sr. Richard S. Roberts. Logo em seguida, a família Simonsen inaugurou o Sirva-se, na Rua da Consolação, quase esquina com a Avenida Paulista, com o que se chamava de "sistema de autosserviço". Ainda no mesmo ano, vieram o Peg Pag e o Pão de Açúcar.

A liberdade dada ao consumidor de escolher sozinho suas próprias mercadorias — sem esperar pelo balconista, como era costume nos antigos secos e molhados — exigia um novo olhar do departamento de promoções da Gessy, que se organizou para oferecer aos recém-criados estabelecimentos comerciais o amparo visual, digamos assim, de suas mercadorias.

Sr. Adolfo mandou construir uma pequena fábrica focada na produção de estandes, feitos de madeira ou ferro, mas principalmente de madeira, e que depois eram montados em pontos estratégicos dentro dos supermercados. Essa fábrica, que ficava na Rua Jaceguai, no bairro da Bela Vista, chegou a ter oitenta funcionários. Além dos estandes, as fábricas montadas por papai produziam cartazes e itens de decoração das lojas.

Com estandes e cartazes em mãos, o departamento de promoção da Gessy oferecia ajuda ao supermercado para fazer a decoração interna e organizar os itens nos estandes. Isso tudo para garantir a melhor exposição dos produtos da Gessy. Foi uma excelente ideia de papai para fazer com que os supermercados se aproximassem mais do setor de vendas da Gessy, e o resultado foi que eles passaram a primeiro comprar nossos produtos e só depois abasteciam as gôndolas com a concorrência.

Nosso primeiro campo de teste foi o Pão de Açúcar, que nasceu do armazém de secos e molhados do Sr. Valentim Santos Diniz, na esquina da Rua Tutóia, no bairro do Paraíso. A Gessy ofereceu ao Sr. Valentim fazer toda a decoração interna do recinto. O proprietário era um comerciante extraordinário, muito amigo de papai, e aceitou a oferta. Deu tão certo que logo a Cia. Gessy estava decorando a maioria dos supermercados surgidos em São Paulo na década de 1950 — e tornando-se uma marca cada vez mais sólida na mente dos consumidores.

O PERFECCIONISTA

Meu pai era um homem extremamente organizado. Tudo em casa vivia em seu devido lugar, paredes impecavelmente pintadas, tudo funcionando à perfeição. Antes de sairmos de férias, ele sempre mandava que a casa da fazenda recebesse uma demão de tinta antes da nossa chegada. O mesmo acontecia com as fábricas. Galpões imaculados, uma limpeza brutal. O apreço de papai pela ordem beirava a obsessão e, a respeito disso, lembro-me de uma história engraçada.

Entre 1943 e 1955, o então futuro economista Antonio Delfim Netto trabalhou na Cia. Gessy. A empresa já era bastante grande, com diversos departamentos bem esquematizados. O jovem Delfim Netto era apenas mais um funcionário da Gessy, do mesmo jeito que o compositor Gilberto Gil seria alguns anos depois. Um dia, Delfim Netto esperava a namorada em frente ao Edifício Gessy, na Praça da República.

Enquanto ela não chegava, Delfim Netto distraidamente encostou o pé na parede de mármore da fachada. Para azar dele, o dono da empresa passava por ali naquele exato momento. Papai parou diante de Delfim Netto e perguntou: "O senhor é funcionário da Gessy?". "Sim, senhor." "Muito bem, é o seguinte, meu jovem. Isso aqui é um departamento comercial. O senhor por acaso faz isso na sua casa? Coloca o pé desse jeito na parede?". "Não, não faço, não, senhor", respondeu Delfim Netto. "E por que está fazendo aqui então?". Muitos anos depois, toda vez que nos encontrávamos, Delfim Netto se divertia contando esse caso.

Também eu posso dizer que sofri com esse perfeccionismo do Sr. Adolfo Milani. Minha mesa no trabalho nunca foi nenhum primor de organização. Uma vez por mês papai mandava uma pessoa do departamento pessoal ir até a minha sala. Esse funcionário entrava no meu escritório, vistoriava tudo e ia embora. Dias depois, eu recebia uma mensagem oficial: "Funcionário Adolfo, se você não proceder com a organização da sua mesa, não poderá mandar, e não podendo mandar, não terá condições de assumir seu cargo de responsabilidade. Assinado: o presidente". Havia certo humor em seus puxões de orelha.

Papai acreditava que progresso é ordem e que ordem é progresso, e tudo o que ele fazia obedecia a essa lógica. Enquanto estive na empresa, tive de respeitar a hierarquia administrativa. Afinal, eu era um funcionário como outro qualquer, e como tal era obrigado a tratar meu pai por "senhor Adolfo". E ele fazia o mesmo comigo. Intimidade, apenas quando chegávamos em casa.

Apenas comecei a ter alguma vantagem dentro da companhia no momento em que fui promovido ao cargo de diretor adjunto. Foi quando deixei de comer sanduíche na esquina e passei a almoçar no restaurante do Edifício Gessy, que era reservado à diretoria. Foi também quando deixei de pagar estacionamento na rua e pude colocar meu carro na garagem do prédio.

Curiosamente, essa obsessão de papai em tudo observar e controlar transformou a Cia. Gessy em um lugar fácil para se trabalhar. Os setores funcionavam de maneira impecável, a comunicação entre as áreas fluía. Tudo era muito estudado.

A parte comercial só se manifestava lançando ou modificando determinado produto depois de ler a pesquisa de mercado feita por outro setor. Contávamos, naquela década de 1950, com a ajuda do Instituto Marplan, dirigido por um dos homens que mais entendia de pesquisa de mercado no Brasil, Alfredo do Carmo, que tempos mais tarde se tornaria um grande amigo meu. Com a ajuda dele, montei um pequeno departamento de pesquisa na Gessy, onde fazíamos pesquisas mercadológicas quase que diárias, em todo o Brasil. Os resultados chegavam em até dois dias, o que nos tornava bem mais rápidos que a concorrência.

VISÃO DE MERCADO

A Gessy, naquela época, tirava de dez a doze mil notas fiscais por dia. Só o departamento de contabilidade empregava cento e oitenta pessoas e havia seiscentos funcionários trabalhando no escritório do Edifício Gessy. Com as fábricas funcionando como sempre havia planejado, Adolfo Milani começou a pôr em ação um velho plano seu — engendrado vinte anos antes, ao regressar da viagem aos Estados Unidos —, de conquistar o mercado internacional. A contratação da empresa da Filadélfia havia sido o primeiro passo nessa direção. O estudo da Ayer provocou uma transformação transcendental na Gessy, que desde então passou a ser preparada para o mundo.

Ali por meados da década de 1950, a Gessy fechou um acordo com uma grande fábrica de sabão na Argentina, a Federal, que começou a produzir lá os nossos produtos. Depois, Adolfo Milani fez o mesmo no Uruguai com a Casa de Baal, uma fábrica que distribuía para diversos países da América do Sul e que tinha uma boa organização comercial. O

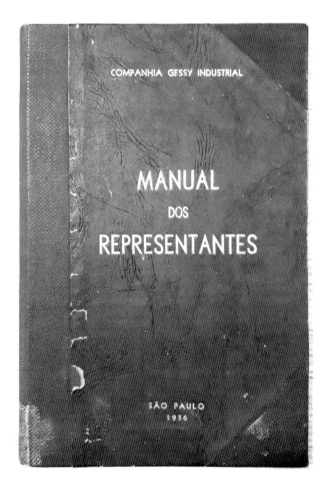

*Manual orientativo para as equipes de vendas
da Companhia Gessy, de 1956: uma prática
inovadora para o Brasil da época*

COMPANHIA GESSY INDUSTRIAL

"MANUAL DOS REPRESENTANTES"

Instruções aos Srs. Inspetores, Vendedores-Pracistas e Vendedores-Viajantes, quando em serviço da Companhia.

ÍNDICE DO MANUAL

1.	INTRODUÇÃO	9
2.	Considerações Gerais	11
3.	Instruções específicas do Departamento de Vendas	15
4.	" do Depto. de Crédito	33
5.	" Do Depto de Cobrança	43
6.	" da Contadoria	57
7.	" Depto. dos Serviços Gerais	63
	IMPRESSOS — modelos	71

Observações: Êste "Manual de Instruções", organizando e disciplinando o trabalho de V. Sa., além de bem situar a sua responsabilidade, não modifica, em nada, os têrmos do seu Contrato de Trabalho com a Companhia.

Página de abertura do Manual dos Representantes, que se propunha a organizar e disciplinar o trabalho dos profissionais de vendas

ÍNDICE REMESSIVO

ASSUNTO:	Itens	Págs.
INTRODUÇÃO: finalidade do manual, modo organizado das instruções — importância das instruções para o êxito dos trabalhos	1.01 a 1.07	9
CONSIDERAÇÕES GERAIS: importância do Representante, atuação da Companhia, lembretes de boa venda, orientação genérica	2.01 a 2.21	11
Instruções Específicas dos Departamentos		
CAMPO DE VENDA: orientação, limites	3.25 a 3.26	18
CHEQUES, RECEBIMENTO POR:		
cautelas, providências	5.36 a 5.38	49
COBRANÇA:		
responsabilidade e importância da atuação dos Representantes	2.10 e 2.16	12 e 13
sucessão de firmas em débito ....'...........	5.09	44
informações de duplicatas não pagas	5.10	44
firmas em má situação	5.11	44
cobrança bancária — orientação, providências	5.12 e 5.24/5.31	44 e 47/8
informações sôbre duplicatas pagas	5.13	44
tolerâncias para descontos	5.14	45
comunicados sôbre informações gerais	5.15 e 5.16	45
observações sôbre sua atuação	5.17	45
cobrança Direta — orientação e providências ..	5.12 e 5.18/23	44 e 46
	5.32 a 5.38	48/9
COBRANÇA BANCÁRIA:		
orientação geral	5.12	44
listas de débitos, códigos dos Bancos	5.24 e 5.25	47
modo de proceder e responsabilidade dos Representantes	5.26 a 5.31	47 e 48
COBRANÇA DIRETA:		
orientação e modo de proceder	5.18 a 5.23	46

Nesta página e na seguinte, são reproduzidas partes
do índice do Manual dos Representantes da Gessy, que
mostram a abrangência dos temas tratados

ASSUNTO:	Itens	Págs.
DEVOLUÇÕES DE MERCADORIAS:		
orientação	3.23 e 3.24	18
transferências de um para outro cliente	3.49 a 3.56	25 a 27
DUPLICATAS, FORMAS DE QUITAÇÃO:		
cautelas e providências	5.32 a 5.35	48
EQUIPAMENTO DO VENDEDOR:		
elementos	3.27	19
FICHAS DE INFORMAÇÕES:		
organização da ficha	4.11 e 4.12	35 e 36
quando deve emitir a ficha	4.13 a 4.17	36
modêlo do impresso e instruções detalhadas de cada pergunta da ficha	——	76 a 81
IMPRESSOS: modelos	——	71 a 94
INÍCIO DO TRABALHO:		
preparo dos elementos	3.28	19 e 20
LISTA DIÁRIA DE COBRANÇA E REMESSA:		
responsabilidade, instruções	5.44 a 5.48	50 e 51
orientação da Contadoria	6.02	57
NUMERÁRIO, para suas Despesas		
orientação e instruções da Contadoria	6.05	57 e 58
relatório, modo de preencher	6.06	58
NUMERÁRIO, Remessa de		
responsabilidade e providências	5.39 a 5.43	49 e 50
ORDENADOS E COMISSÕES		
orientação e instruções da Contadoria	6.04	57
ORIENTAÇÃO GERAL AOS REPRESENTANTES:		
do trabalho de venda	3.27 a 3.31	19 e 20
da organização, responsabilidade etc., das vendas	3.10 a 3.26	16 a 18
crédito, normas gerais da Companhia para sua concessão	4.03 a 4.10	33 a 35
cobrança, normas, instruções e observações ...	5.07 a 5.17	43 a 46
PEDIDOS:		
orientação	3.18	17 e 18
importância dos pedidos, preenchimento, responsabilidade do Representante, informações que devem e não devem conter	3.35 a 3.38	21 e 22

passo seguinte foi pensar em adquirir um imóvel em leilão na cidade de Milão, na Itália, onde Adolfo Milani pretendia instalar a primeira fábrica Gessy no continente europeu.

E assim ia ele, sonhando, conversando com as pessoas, estudando o mercado, escutando o próprio instinto. Não tinha uma formação adequada, não ostentava diploma de Direito nem de administrador de empresas da Fundação Getúlio Vargas. Adolfo Milani era, essencialmente, um guarda-livros — mas um guarda-livros que tinha uma visão bem clara do que queria para a sua empresa, inclusive no mercado internacional, através de seus constantes contatos e estudos pessoais.

Corrijo-me. Papai tinha duas visões: o estabelecimento da empresa no mercado e também a extensão desse mercado. E quando digo mercado, refiro-me ao seu desejo de tornar a Gessy uma empresa capaz de oferecer o produto diretamente ao consumidor a um custo reduzido. Adolfo Milani queria tirar do meio do caminho os atravessadores, ou seja, os atacadistas e os pequenos varejistas, e fazer a distribuição de casa em casa — um pouco como a Avon faria tão bem depois, mas que naquele tempo ainda era uma tendência pouco explorada no Brasil.

Papai sentiu que o sistema de distribuição não iria ficar apenas nas mãos dos atacadistas simples-

Por sua importância na economia do Estado, a fábrica da Gessy frequentemente recebia visitas de autoridades, como os governadores Adhemar de Barros (acima) e Lucas Nogueira Garcez (abaixo)

mente porque o atacado tirava a personalidade do fabricante. E sentiu mais: que, no futuro, os próprios atacadistas terminariam se transformando em grandes varejistas, e que essas novas empresas iriam precisar de orientação para posicionar produtos de grande aceitação no mercado. Precisariam, em outras palavras, aprender a fazer uma decoração mais promocional.

E em tudo isso ele estava mais uma vez correto. Afinal, todos sabemos que durante o governo de Juscelino Kubitschek houve um crescimento da indústria brasileira de bens de produção e consumo. A empresa americana Avon inaugurou sua primeira fábrica em São Paulo em 1959 e, pouco tempo depois, começou a vender seus batons de porta em porta. A Natura, outra grande referência do ramo, surgiu dez anos mais tarde, mas somente em 1974 a marca optaria pela venda direta de seus produtos.

Papai não chegou a conhecer a Natura. Mas a pluralidade de distribuição que esse grupo atingiu é um bom exemplo do que Adolfo Milani havia planejado para o futuro da Cia. Gessy.

CIÚMES

Depois que me formei em Direito, em 1958, montei um escritório com o advogado Ives Gandra da Silva Martins — sem sair da Gessy. Afinal, meu pai me proibia de tomar tamanha atitude, pois tinha a ideia fixa de que eu deveria ser seu sucessor. Nunca chegou a verbalizar tal pensamento, mas o deixava bem claro nas suas ações. Quando eu tirava férias, por exemplo, papai sempre encaixava no período algum curso ou estágio para eu fazer. Formado em Marketing e em Direito, fui estudar na Getúlio Vargas. Estagiei na McCann, na J. Walter Thompson. Fui trabalhar na Marplan, onde, com meu amigo Alfredo do Carmo, aprendi qual era o verdadeiro desejo do consumidor.

Todos esses caminhos foram traçados por meu pai e evidenciavam sua vontade de me preparar para sucedê-lo na presidência da Gessy. Eu não sabia, mas em todos os lugares por onde passava meu pai pedia que fizessem relatórios sobre minha performance. Renato Castelo Branco, que era uma pessoa que papai respeitava muito, escreveu em sua avaliação que todos os investimentos deveriam se concentrar em mim porque, entre os herdeiros da Cia. Gessy, eu era o que teria mais condições de levar a empresa adiante.

Papai sempre achou que a Cia. Gessy deveria basear-se em um tripé: propaganda eficiente, distribuição perfeita e boa qualidade. Se a empresa conseguisse se manter sobre esse tripé, teria sempre sucesso. Como me destacava em um dos tripés — o de propaganda e promoção de produtos —, eu era bem visto. Só para dar uma ideia da importância do setor para meu pai: naquele tempo, 11% do faturamento total da Gessy eram redirecionados para a propaganda e promoção de vendas.

Todos os estudos e estágios que fiz terminaram criando um certo ressentimento na família. Não entre meus irmãos, porque sempre fomos muito unidos, mas entre meus primos e tios. O ciúme deles não reverberava em mim porque papai me protegia, e também porque eu não me importava. Eu tinha a confiança excessiva da juventude. Quando papai e tio José concentraram a atenção em mim, meus outros tios ficaram temerosos. Eles também tinham filhos, todos mais novos que meus irmãos e eu, e temiam que não sobrasse oportunidade para os filhos deles.

Por esse motivo, Duílio, meu irmão mais velho, foi durante anos muito visado por meus tios. Por ser o primogênito de Adolfo Milani, acreditaram durante muito tempo que seria ele o sucessor natural de papai. E depois porque ele tinha uma personalidade, como eu já disse, discreta. Duílio não tinha muito poder de reação, o que torna a pessoa bastante vulnerável a ataques.

Duílio era diretor técnico da Gessy. Tinha se formado em engenharia química industrial e era um pesquisador muito útil para a empresa. Mas meus tios impediam seu avanço no organograma. Meu pai não dizia nada porque achava que, por Duílio não estar diretamente ligado a ele, não poderia influir no que lhe acontecia dentro da companhia. E assim foram acontecendo golpes atrás de golpes em cima desse meu irmão, que aguentou tudo calado, até às úlceras.

Plínio também sofreu represálias da família por ser filho de quem era. Ele trabalhava comigo na parte administrativa. Era gerente de compras e chegou a se tornar um dos cinco diretores mais importantes da Gessy. Houve uma ocasião em que se aproximou bastante de José Milani Jr., talvez pensando em sucedê-lo no setor de compras, e meu próprio tio demonstrava essa vontade. De repente, essa ideia foi abandonada. José Milani Jr. não quis mais saber do sobrinho, afirmou que Plínio não era a pessoa que ele esperava que fosse.

Comigo ninguém fazia nada porque eu era bem mais jovem — tinha seis anos a menos que o Plínio e doze a menos que o Duílio. E também porque estava sempre à sombra do patrão — todo mundo sabia que eu era o protegido. Eu trabalhava demais naquela época, e quando não estava trabalhando estava estudando, e não percebi absolutamente nada de tudo o que estava por acontecer.

CÉREBRO ELETRÔNICO

Como a Cia. Gessy conseguiu dominar o mercado brasileiro? Uma das razões, a meu ver, foi seu pioneirismo. O primeiro computador importado pelo Brasil foi um UNIVAC 120, adquirido pela Prefeitura de São Paulo no final dos anos 1950. No início dos 1960, apenas duas empresas no país tinham o que chamavam de "cérebro eletrônico": a Volkswagen e a Gessy. Ambas usavam um modelo RAMAC 305 da IBM, cuja unidade de disco poderia armazenar até 4,4 megabytes de dados. Pesava uma tonelada e ocupava um andar inteiro, que exigia um ar-condicionado específico porque o tal "cérebro" não permitia oscilações na temperatura ambiente.

A aquisição deste computador foi obra de José Bonifácio Amorim. Em 1959, ele trabalhava como gerente de vendas da IBM (mais tarde, se tornaria CEO da IBM no Brasil). O RAMAC 305 tirava trinta mil notas fiscais por dia. Também ajudava na conclusão rápida das pesquisas de mercado.

Por esse pioneirismo eletrônico, começamos a crescer também horizontalmente, abarcando outras áreas além da perfumaria, como o setor alimentício. Foi assim que, no início de 1953, lançamos uma fábrica de óleos que usava matéria-prima vegetal em vez do sebo animal. O laboratório de pesquisas da companhia estudou usar a semente de oiticica, de tucumã, de babaçu e de várias outras plantas ricas em óleo do Norte e Nordeste do Brasil.

Descobrimos, no fim, que o óleo extraído do coco produzia um sabonete com uma massa mais aveludada e sensível à pele humana. Logo instalamos fábricas nos locais de extração para baratearmos os custos de transporte. Essa foi uma nova fase no desenvolvimento da Cia. Gessy, pois essas fábricas contavam com equipamentos da Atlas, importados da Suécia, tudo o que havia de mais moderno no mercado de extração de óleo. Lançamos três marcas de óleo para cozinha, cujas embalagens, muito modernas, foram desenhadas por Charles Bosworth.

Entre esses produtos, estava um óleo que era uma mistura de sementes de algodão e amendoim. Chamava-se Dular, veja que nome simpático para a promoção de vendas. Havia ainda outro óleo, esse extraído de oliveiras, chamado Olivina. E um outro — o Tahy — com gordura de coco, que oferecia uma série de benefícios que a gordura de porco não tinha.

Esses três produtos dominaram o mercado brasileiro em apenas quatro anos. Não bastasse, também aproveitávamos os subprodutos das nossas fábricas. A gordura animal, que ainda era usada para a fabricação de sabão, rendia sete toneladas de glicerina por mês. Esse produto era usado para a fabricação do papel celofane e passou a ser um segundo faturamento da Gessy. Vendíamos a glicerina para a Votorantim, para as Indústrias Matarazzo e para a Rod.

Na virada dos anos 1950 para os 1960, a Cia. Gessy já era líder nacional no setor de óleos comestíveis, no setor de cosméticos e perfumaria e no setor de limpeza pessoal (com o sabão Minerva). Tudo isso num tempo em que não existia o amparo de um BNDES ou algum outro órgão federal para o qual pudéssemos pedir empréstimo — usávamos o dinheiro que tínhamos em nossos cofres, em última instância, o dinheiro da família.

O mundo, definitivamente, estava de olho na Gessy e a empresa caminhava firme para a conquista do mercado internacional. Em 1957, o presidente da norte-americana Procter & Gamble havia procurado papai para sondá-lo sobre uma possível venda da empresa, mas o Sr. Adolfo foi categórico: se quisessem até poderiam visitar a Gessy, quem sabe mandar funcionários para estagiar na empresa, as portas, enfim, estavam generosamente abertas para a troca de informações. Mas a empresa, definitivamente, não estava à venda.

A P&G aceitou a oferta de papai e mandou três diretores, que estagiaram em nossas fábricas por um bom tempo. No fim, ainda foi feita uma oferta ridícula de compra, que obviamente não foi aceita. Como papai tinha essa ideia fixa de transformar a Gessy em uma empresa internacional, ele conseguiu convencer os três diretores americanos da P&G a ficarem no Brasil e trabalhar para ele, todos em cargos altos de direção e ganhando muito bem.

Com técnicos estrangeiros em cargos decisivos, dinheiro em caixa e contatos consolidados em diversos países, estávamos a um pequeno passo rumo à conquista do tal mercado internacional.

Primeiras instalações da fábrica de óleos de oliva e amendoim, no início da década de 1950

Nas convenções anuais de vendedores, a Diretoria celebrava os resultados, distribuindo prêmios em dinheiro ou objetos de valor aos vendedores e representantes que ultrapassassem as metas projetadas. Já havia um início do sistema de meritocracia, implantado pioneiramente na empresa. Na foto, estão Adolfo Milani (presidente), José Milani Junior (superintendente) e Ermelindo Milani (gerente geral de Vendas)

DEPOIS DE TUDO

MÁ NOTÍCIA

Quando completou 65 anos, em 1960, papai se deu ao luxo de fazer sua primeira viagem internacional a passeio. Aproveitando como desculpa uma convenção do Rotary Club, ele e mamãe se programaram para passar três meses pela Europa. Na sua ausência, a presidência da empresa foi naturalmente ocupada por José Milani Jr. — o único em quem papai tinha inteira confiança.

A verdade é que a relação entre Adolfo Milani e alguns irmãos havia se deteriorado fazia muito tempo. Qual Dom Quixote, papai lutou por anos para que os descendentes de José Milani, que também eram donos da Gessy, não desestabilizassem a empresa com suas demandas e necessidades estritamente pessoais. A estratégia que havia criado era simples: recapitalizar tudo o que entrava nos cofres, isto é, reinvestindo constantemente tudo o que entrava. Os irmãos-acionistas, apreciadores contumazes de um padrão de vida altíssimo com pouco esforço, não contentes em receber apenas um salário no fim do mês, ressentiam-se dessa atitude protecionista de papai.

Refletindo sobre tudo o que aconteceu, é fácil enxergar que tudo não passava de uma mera questão de tempo até que a brecha surgisse. E a brecha surgiu justamente quando papai resolveu relaxar e viajar com a esposa para a Europa. Era sabido que muitas empresas internacionais tinham interesse na compra da Gessy. Unilever e Procter & Gamble disputavam espaço no mercado brasileiro e sabiam que aquele que comprasse a empresa fundada por José Milani teria liderança presente e futura nos principais produtos de limpeza, cosméticos e perecíveis consumidos no país.

Como papai insistisse em nem querer ouvir propostas, sua ausência programada abriu as portas da especulação. Conversas com interessados foram marcadas em segredo. Enquanto isso, meu tio Luis Milani foi convencendo seu irmão, que estava temporariamente na presidência, que o melhor a fazer era vender a companhia enquanto ela ainda dava lucro. Foi assim que, depois de alguns encontros escusos para acerto de formalidades, chegou-se a um acordo sobre o preço da venda.

Vale registrar que meu avô José Milani, único dono da empresa, jamais pensou em vendê-la e sempre deixou bem expressa essa intenção. Tanto que orientou seu advogado particular, Dr. Victor Faissão, a colocar em seu inventário três cláusulas restritivas de movimentação de todas as ações da companhia Gessy aos herdeiros, quando de seu falecimento. Tais cláusulas eram regidas por três termos autoexplicativos: Intransferíveis, Incomunicáveis e Impenhoráveis.

Apesar dessas restrições, dois de seus filhos e herdeiros, com o consentimento dos demais (menos de meu pai que estava no exterior, como relatei), conseguiram, com "orientação" de alguns famosos advogados de ocasião, uma decisão judicial pela suspensão das restrições impostas por essas três cláusulas. Foi desse modo que tiveram condições de vender a empresa.

Tão logo papai regressou de sua viagem, foi imediatamente convocado pelo Conselho Diretor da empresa para uma reunião de emergência. Os irmãos José e Luis contaram das negociações. Papai ficou surpreso, para não dizer estupefato, com o que ouviu, mas, àquela altura, era voto vencido, já que todos os outros irmãos eram a favor da venda. O rompimento era inevitável, mas papai não se deu por vencido. Pegou no mesmo instante o telefone e ligou para o presidente da Unilever no Brasil, Clyde

Vandenberg: "Não vendo a companhia por hipótese alguma", afirmou, categórico.

Aos poucos, contudo, Adolfo Milani foi entendendo que aquela venda era um caminho sem volta. A Unilever ainda aumentaria a oferta, uma, duas três vezes, até que meu pai se curvou à realidade e jogou a toalha. No fundo, a situação já estava fora de controle fazia tempo. Papai não suportava mais a perseguição aos filhos dele, principalmente ao Duílio, e certamente chegou ao seguinte pensamento: "Quer saber? Fizeram uma oferta boa, vou vendê-la e monto outra empresa. Levo comigo meus filhos, que já têm um grande conhecimento do mercado, e levo também a maioria dos diretores".

Papai tinha uma amizade pessoal com os diretores da Gessy, então deve ter acreditado que, com o dinheiro que receberia na venda, conseguiria erguer outra empresa em, no máximo, cinco anos.

Tudo isso aconteceu no fim da década de 1960, antes da lei que regulamentou a abertura de capitais (1965) e da transformação do Banco Nacional de Desenvolvimento em uma empresa pública (1971).

Apenas para conjecturar na situação do momento em que este livro está sendo publicado (2021), depois de constante sucesso e com mais de sessenta anos de permanência no exterior, tendo a força financeira de uma empresa de capital aberto, com ações pulverizadas dentro e fora do Brasil, e com o auxílio do "exuberante caixa" do BNDES, poderia se imaginar que a Gessy teria uma consequência inversa daquilo que, de fato, aconteceu.

UMA SEGUNDA GESSY

Pouco tempo depois da venda, recebi a convocação para aparecer no escritório do presidente da Unilever, Clyde Vandenberg. Fui lá, bati na porta, escutei a ordem para entrar. Entrei e me sentei. Comecei ouvindo elogios ao meu trabalho e logo em seguida ele anunciou: "Olha, não podemos mantê-lo mais na empresa. Nossos homens acham que você está identificado demais com a Gessy. É muito a contragosto que vamos dispensá-lo. Seu Irivá Carneiro Ribas, o gerente de Recursos Humanos, vai procurá-lo e informá-lo de seus direitos". Eu trabalhava na empresa fundada pelo meu avô havia doze anos quando fui demitido.

Mesmo tendo no fim concordado com a venda da Gessy, durante um bom tempo Adolfo Milani ficou bastante desgostoso dos rumos que sua empresa havia tomado e estava claro que ele morreria frustrado por não ter conseguido realizar o grande sonho de transformar a firma do pai em uma multinacional. Embora continuasse recebendo convites de amigos industriais para participar dos mais variados projetos, manteve um período de luto pela empresa de cujo destino não participava mais.

Tempos depois da venda da Gessy, ele montou um Conselho de Família para deliberar sobre os interesses dos filhos em relação aos negócios. O grupo era formado por ele, os filhos Duílio (engenheiro formado pelo Mackenzie), Plínio (advogado formado pela USP) e eu (formado pela USP e pela FGV), além do genro Lauro da Costa Lima, um conhecido arquiteto. Papai não admitia a ideia de que dinheiro não produzisse. Achava que o que recebera com a venda da Gessy tinha que ser investido no comércio ou na indústria, mas era contrário ao mercado imobiliário e ao especulativo.

Adolfo Milani tinha o sonho de iniciar um novo empreendimento — uma segunda Gessy, por assim dizer — e entregou essa responsabilidade a mim e a meus dois irmãos.

É claro que tínhamos condições de levar a cabo tal empreendimento. Sabíamos o tamanho do mercado e o que papai queria. Entendíamos melhor do que ninguém como anunciar nossos produtos e em quais canais. Conhecíamos a maior parte dos fornecedores de matéria-prima e de embalagens do país.

Contávamos com a amizade e a lealdade de inúmeros funcionários que agora trabalhavam na Gessy-Lever e que poderiam se somar à nossa empreitada. E havia, por fim, as marcas de concorrentes antigos que, por inúmeras razões, haviam deixado de existir e que demonstraram interesse em se associar a nós.

Um desses casos foi o de José Lopes, dono da perfumaria Lopes. Era da sua vontade ingressar como sócio dessa segunda Gessy, trazendo todas as suas marcas de sabonete que funcionavam no esquema "vale quanto pesa". José Lopes não seria o único concorrente a oferecer sociedade a Adolfo Milani, e isso realça ainda mais traços de personalidade de papai, como sua simpatia e sua capacidade única de fazer amigos. Afinal, como se vê, até seus antigos "rivais" tinham apreço por ele — talvez, justamente, por nunca os ter tratado como rivais inimigos.

Com parte do dinheiro que havíamos recebido pela venda da Gessy, adquirimos uma área de 100 mil metros quadrados em Barueri, fizemos plantas comerciais e, com muito esforço, conseguimos um desvio da estrada de ferro Sorocabana para atender à futura fábrica — algo que era difícil na época, mas possível.

No fim, infelizmente, não seguimos adiante com esse grandioso plano porque, a certa altura, meus irmãos começaram a achar extremamente difícil competir com a Gessy-Lever. Esqueciam-se de que o Brasil era muito maior do que qualquer fusão e que sempre haveria mercado.

Ainda me pego imaginando como seria essa segunda Gessy, caso ela tivesse saído do papel. Estaria muito provavelmente em seu primeiro cinquentenário. Seria uma grande empresa e, com apoio do BNDES e outros incentivos, talvez até internacional. Mas, enfim, fatos são fatos: o Conselho de Família, na época, desistiu de fazer o aporte industrial, preferindo optar por outros investimentos que acreditava mais rentáveis, como os imobiliários e financeiros.

Foi assim que montamos em São Paulo uma empresa de participações chamada de Sociedade Anônima Pirâmide Industrial e Comercial, que incorporava alguns poucos imóveis e a totalidade do capital que recebera da venda de suas ações na Cia. Gessy. Era uma firma de investimentos que teve uma participação ativa na SPI, a Sociedade Paulista de Investimento. Seu objetivo era estudar bem o mercado e levantar as melhores projeções de negócios para as empresas. Papai já tinha certa idade e não queria mais indisposições com ninguém.

Àquela altura da vida, estava com o coração literalmente cansado. Nos últimos anos, vinha sofrendo com uma forte e constante arritmia cardíaca. Os médicos haviam lhe receitado repouso absoluto, o que era impensável para alguém como ele. Mesmo com as recomendações médicas, papai ainda seguiu viajando por um bom tempo como o intuito de apreender o que havia de mais moderno no mundo em maquinário. Não fez nenhum gesto para impedir que os filhos mais velhos levassem a Pirâmide na direção de empreendimentos fora do setor industrial (posteriormente, a Pirâmide adquiriria o controle de um primeiro banco e constituiria uma firma de crédito e investimento).

O resultado foi que terminamos esbarrando no mercado financeiro com uma concorrência desenfreada, que, na ocasião, se utilizava de práticas que considerávamos inadequadas e até desonestas — algo muito distante do que havíamos aprendido com papai. A moral que ficou foi esta: na área que conhecíamos bem, a industrial, não realizamos; e na que não conhecíamos bem, realizamos só para compreender que aquele não era nosso destino.

UMA CARONA

Quando o Conselho de Família decidiu não investir mais no setor industrial, Adolfo Milani apoiou a decisão da maioria e retirou-se. Não acho que tenha sido a decisão mais feliz que ele tenha tomado. Talvez, se estivesse fisicamente mais disposto, Adolfo Milani pudesse ter convencido o Conselho a fazer outro tipo de manobra, em função da sua experiência e do seu conhecimento. Mas não o fez para não contrariar os filhos. Assumiu a função de consultor, abrindo mão da de executor e, paralelamente, passou a dedicar-se a outras atividades, como o Rotary Club, a sociedade Vinte e Um Irmãos Amigos e a Santa Casa de Misericórdia, onde tinha assumido um posto no Conselho Deliberativo da Fundação. Também aproveitava o tempo livre para ficar mais com a família.

Desde que os filhos haviam saído do casarão da Avenida Brasil para construir suas próprias famílias, Adolfo Milani e mamãe se mudaram para um edifício na Praça Roosevelt, no centro de São Paulo. Era um apartamento espaçoso de quinhentos metros quadrados, que ocupava todo um andar, grande o bastante para sediar as reuniões e festas que costumava oferecer.

Em certa noite de 1971, depois de uma dessas recepções, Adolfo Milani, sempre muito generoso, ofereceu uma carona para a banqueteira, que estava tendo problemas em encontrar um táxi. Ele não dirigia quase nunca porque não enxergava muito bem, mas mantinha um Chevrolet na garagem do prédio para qualquer emergência.

Como já era tarde, Adolfo Milani saiu de casa para levar a funcionária até a casa dela sem se importar em carregar consigo os documentos dele e do carro. Seria apenas um bate e volta, pensou. Não achou que teria maiores problemas. A viagem até a casa da banqueteira foi tranquila, e em pouco tempo ele estava de volta na garagem do prédio. Enquanto manobrava o carro na vaga, contudo, sentiu uma forte dor no peito. Infarto fulminante.

Como nunca saía de noite, muito menos dirigindo, as pessoas que passaram pela garagem não reconheceram o senhor com a cabeça caída sobre o volante, então chamaram a polícia, que levou o corpo sem identificação para o necrotério municipal. Já era perto da meia-noite quando mamãe me ligou. "Estou preocupada, seu pai ainda não voltou", ela disse. Decidi ir até a delegacia do bairro, onde encontrei um colega da faculdade que se dispôs a me ajudar. "Primeiro de tudo, vamos ao necrotério municipal", ele falou. Lá encontrei meu pai.

O GRANDE LEGADO

Como papai sempre detestou grandes homenagens, optamos por um velório e um funeral extremamente simples, apenas comunicando alguns parentes e amigos. Qual não foi nossa surpresa ao ver que várias entidades com as quais ele tinha lidado durante a vida, como a FIESP e o Rotary Club, haviam comprado anúncios de página inteira em jornais de grande circulação para prestar homenagens oficiais e públicas a Adolfo Milani.

Do mesmo jeito, não conseguimos impedir as diversas homenagens que foram surgindo pelos dias seguintes à sua morte.

O corpo de Adolfo Milani foi enterrado no Cemitério da Saudade, em Campinas, sua terra, onde a família mantém um jazigo idealizado por meu avô. Toda a diretoria da Gessy-Lever compareceu à missa de sétimo dia.

Acredito que papai tenha morrido ressentido com os irmãos por terem criado a circunstância da venda da Cia. Gessy. Também acredito que tenha morrido um pouco frustrado por não ter realizado seu grande sonho, que era o de tornar a Gessy uma empresa reconhecida mundialmente.

Por outro lado, ele conseguiu realizar muita coisa em seus 76 anos de vida. Talvez seu maior legado tenha sido o de priorizar a qualidade sobre o lucro.

Uma história de que me lembro ilustra bem isso. Durante uma de suas inúmeras viagens de negócios, Sr. Adolfo, como costumava fazer, deixou a Gessy nas mãos do irmão José Milani Jr. Na época, o principal produto da empresa era o sabão Minerva, que vendia cerca de cinquenta mil caixas por dia. Entre seus componentes, estava o sebo animal, cujo preço, naquele período, subia acima da inflação. A fim de manter os lucros que obtinha com a venda do Minerva, tio José decidiu mexer na fórmula sem falar com papai.

Quando Sr. Adolfo voltou e viu o Minerva que estava no tanque de roupas de sua casa, notou na hora o que tinha acontecido. "Mexeram na fórmula do sabão", apontou. Eu estava por perto e perguntei como ele poderia afirmar aquilo só de olhar o pó dentro da caixa. Papai explicou que o sabão que tinha em mãos estava com uma cor diferente, esbranquiçada. E cravou: "Aposto que fizeram isso para economizar".

O laboratório da Cia. Gessy tinha, de fato, alterado a fórmula do produto, colocando mais bicarbonato de sódio e menos sebo animal. Quando papai pediu que a fórmula antiga fosse reestabelecida, meu tio reclamou: "Então vamos ter que aumentar o preço do produto". "De jeito nenhum, vamos manter o preço", defendeu papai. "Mas desse jeito vamos perder lucro, Adolfo!". Ao que Adolfo Milani retrucou: "Que se perca o lucro, mas não se perca a qualidade".

O legado de Adolfo Milani foi esse perfeccionismo — esse espírito voltado ao social, de produzir o melhor a um preço que o povo pudesse comprar.

Ele sempre defendeu que os brasileiros de todas as classes sociais brasileiras tinham o direito de usar o produto de qualidade que ele fabricava.

Com este humilde livro, eu quis trazer a público um pouco da história e do caráter de um homem que, na sua época, já trazia incutido em si o conceito de capital social — além, é claro, do reconhecimento nacional como pioneiro da propaganda no Brasil. Essas qualidades não ressaltavam, em hipótese alguma, uma visão política. Suas práticas poderiam até ter consequências políticas, mas Adolfo Milani nunca foi um animal político. Ele foi, acima de tudo, um industrial. Um industrial que pensava grande e sempre em benefício do Brasil e dos brasileiros — mas que, do alto da humildade que carregou por toda a sua jornada, se autodenominou, até o fim da vida, como um mero "fabricante de sabonetes".

POSFÁCIO

Pediu-me meu compadre, Adolfo Milani Filho, que redigisse o posfácio do livro que escreveu sobre a vida de seu pai e meu padrinho de casamento Adolfo Milani, solicitação que me alegrou sobremaneira, pelo bem querer e admiração que sempre, desde menino, tive pelo Senhor Adolfo.

Sendo meu pai, José da Silva Martins, representante em São Paulo da Roure-Bertrand fils et Justin Dupont, fundada em Grasse no ano de 1820, forneceu tal empresa, durante anos, a essência do sabonete Gessy, essência esta que vinha da França, com o que nossas famílias estiveram sempre muito ligadas, ao ponto de terem seus pais sido meus padrinhos de casamento, como disse, e meus pais padrinhos de casamento do Adolfo.

Quando estudei perfumaria na França, por quase um ano, Adolfo Filho deveria vir comigo fazer o mesmo curso.

Já para o vestibular de 1954 da Faculdade do Largo de São Francisco, estudamos juntos, ora em minha casa, ora na sua, hábito que continuou pelos cinco anos do curso noturno, pois nós dois trabalhávamos durante o dia.

Chegamos os dois, como consta neste livro, ainda como solicitadores acadêmicos, a montar, com mais dois amigos e uma advogada, um escritório de advocacia.

Essa proximidade de tanto tempo com o Senhor Adolfo permitiu-me conhecê-lo bem e admirá-lo muito. Paternal, amigo e conselheiro, sempre tratou os amigos de seu filho com muita afabilidade, respeito, não perdendo oportunidade de aconselhar seu filho e seus amigos, em seu estilo de mais sugerir do que impor, a respeito dos planos de cada um.

Quando voltei da França em 1953, no mesmo navio (Augustus) em que retornava com Dona Nenê e sua filha Gessy, após uma curta viagem de passeio, diferente daquela de 3 meses a que se refere meu caro amigo Adolfo nesta biografia, algumas vezes, ao jantar, contava-me de como via o futuro de seus filhos em relação à Companhia Gessy para os homens e os casamentos das mulheres. À época, Tecla já se casara, sendo que Duílio e Plínio trabalhavam, há algum tempo, exercendo funções importantes em sua empresa, enquanto o caçula Adolfo preparava-se para entrar na Faculdade, sobre trabalhar também na Companhia Gessy Industrial.

Conto um pouco destas reminiscências, pois, ao ler o livro de meu compadre, posso assegurar que descreveu, nada obstante a compreensível admiração e o amor que tinha pelo pai, rigorosamente o perfil maiúsculo do Senhor Adolfo, que foi, indiscutivelmente, um pioneiro, no século XX, do processo de modernização da indústria brasileira.

Era recebido com honras e reconhecimento em todos os ambientes que frequentava, sendo líder empresarial, de obras filantrópicas e sociais, com notável atuação em tudo o que fazia.

A própria ideia que descortinou do Clube dos Vinte e Um Irmãos Amigos, em período que o Brasil possuía apenas 21 Estados, objetivava um pacto federativo entre os líderes de sociedade de cada Unidade da Federação. Tal sonho é o símbolo maior da personalidade de Mestre Adolfo de sempre querer unir para fazer o país crescer, seu ideal de vida permanente.

A revista *Seleções* (Reader´s Digest), à época de grande circulação, tinha todo mês uma sessão intitulada "Meu tipo inesquecível". Para mim, Adolfo Milani Pai foi um destes tipos inesquecíveis da sociedade, tendo feito história no desenvolvimento econômico da nação. Foi um autêntico homem plutarquiano.

É, pois, com emoção, saudades e alegria que redigi este breve posfácio sobre meu padrinho Adolfo Milani.

Ives Gandra da Silva Martins

ANEXO

RELATÓRIO
DA
N.W. AYER & SON
PARA A
COMPANHIA GESSY
(setembro de 1932)

Nota: As anotações nas margens e ao longo do documento reproduzido a seguir foram mantidas como estavam no original. Foram provavelmente feitas pelo próprio Adolfo Milani.

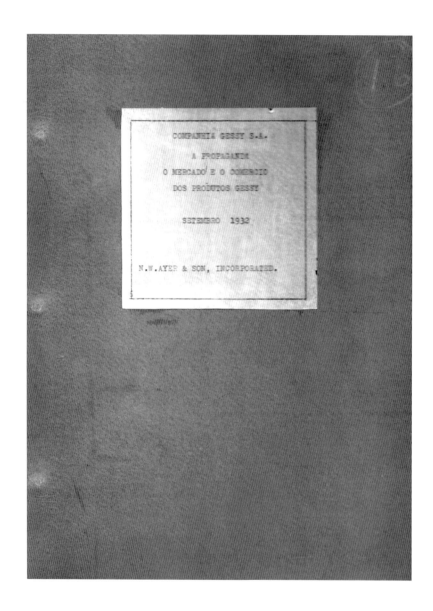

COMPANHIA GESSY S/A.

A PROPAGANDA

O MERCADO E O COMMERCIO

DOS PRODUCTOS GESSY

SETEMBRO 1932

N. W. AYER & SON, INCORPORATED.

A PROPAGANDA

O MERCADO E O COMMERCIO

DOS PRODUCTOS GESSY

"O importante na propaganda não é a legenda e não é tampouco o typo de impressão escolhido; não é o cliché, nem o folheto, nem coisa nenhuma semelhante. O resultado ou o insuccesso de qualquer campanha de propaganda repousa sobre a capacidade de combiná-la com o plano de vendas."

Ω Ω Ω

"Embora se lhe faça pouca justiça, a propaganda é uma das quatro ou cinco grandes artes e dellas a mais difficil, pois não exige sómente perfeito conhecimento dos homens e da maneira de influenciá-los como requer tambem noções sobre varias outras artes, inclusive a typographia, a litteratura, a pintura e a organização."

Ω Ω Ω

"A propaganda é producto da imaginação, do animo e de outras forças subtis, espirituaes quasi. Os annuncios são os representantes, os embaixadores de uma firma e têm de demonstrar em todas as minucias as normas e as directrizes da organização por quem falam."

Ω Ω Ω

Quando chega a época de uma organização industrial cogitar da applicação persistente e intelligente da força da propaganda ao futuro desenvolver do seu negocio, este passo deve ser olhado como o mais importante e o de maior alcance de toda a sua historia.

-2-

Muitas e as mais extravagantes queixas têm sido formuladas contra a propaganda por gente que desconhece o papel que ella tem a desempenhar no desenvolvimento de um negocio. Não existe nenhuma formula magica graças á qual a propaganda possa ser applicada com efficiencia a um negocio que não esteja organizado para receber os beneficios da publicidade.

A propaganda realiza apenas um objectivo: augmenta o consumo. E augmenta o consumo reduzindo o tempo, tornando possivel á organização commercial que a emprega descrever os seus productos e fazer as suas apregoações a dezenas e centenas de milhares de consumidores potenciaes em menos tempo do que poderia ser conseguido por qualquer outro meio.

Tem-se como certo que a média do corpo de vendedores não despende mais de 15% de cada dia de trabalho no contacto effectivo com os clientes ou pretendentes. É claro que a organisação de vendas, sejam quaes forem as suas proporções, não poderia jamais explicar as directrizes da firma e as vantagens do producto senão a um limitado numero de pessoas em determinado espaço de tempo.

A propaganda trabalha emquanto os vendedores estão dormindo, almoçando ou viajando de um ponto para outro. A propaganda cria assumptos para conversação e dissemina novas idéas, ampliando os conhecimentos do publico em geral, preparando o caminho para novas vendas e estimulando a repetição das compras do artigo anmunciado.

Os quatro elementos de um negocio.

A propaganda jámais será efficiente si fôr considerada como uma actividade á parte da directriz geral do negocio. Ha quatro factores inter-dependentes que controllam o desenvolver de todos ramos de negocio prosperos:

(a) Finanças.

(b) Producção.

(c) Distribuição.

(d) Opinião Publica.

Efficientemente quanto houverem sido estudados e previstos os trez primeiros factores, elles, por si sós, jamais poderão dar absoluto dominio da situação sem que uma perfeita comprehensão haja deslocado favoravelmente todas as forças que criam e controllam a opinião publica. De outro lado, toda a porção de opinião publica favoravel que haja sido possivel crear, trará muito pouca vantagem si o programma de propaganda não houver sido perfeitamente coordenado com as possibilidades financeiras e manufactureiras e com as directrizes commerciaes fixadas nos planos do estabelecimento.

Seria apenas repetir o que é por demais conhecido, salientar que na historia dos successos commerciaes e industriaes, os grandes lideres têm invariavelmente provado serem senhores absolutos dos seus methodos de trabalho, assim como que o desenvolvimento vantajoso de qualquer negocio tem sido, na grande maioria dos casos, devido á capacidade dos seus dirigentes para eliminar tudo o que não seja indispensavel, fazendo de cada uma das phases do trabalho parte cuidadosamente coordenada de um programma sobre o qual prepondera um esclarecido plano de vendas.

Em geral, todo o industrial que cogita sériamente de applicar a propaganda ao seu negocio tem em mente algum plano de ininterrupta, e bem organisada producção em massa. Seguindo esta ordem de ideas, o industrial tem de cuidar da conveniente divisão do trabalho, empregando para isso o mais velho e mais conhecido de todos os principios economicos, o da departamentalisação do seu negocio, obtendo os serviços de especialistas ou daquelles a quem possa ser ministrada especialisação em cada uma das phases da sua tarefa.

-4-

MAPPA DE ORGANISAÇÃO

Junto a este incluimos um mappa de organisação, copia do qual já lhes foi enviada em tempo para seu estudo. Este mappa é mais um esboço de funcções do que uma tentativa para determinar deveres especificos ás pessoas que trabalham para essa Companhia. Observarão VV.SS. que foram providos de direcção efficiente os departamentos de finanças, producção, vendas e propaganda. A designação das tarefas de accordo com aquelle quadro fica, naturalmente, a cargo de VV.SS. As nossas funcções como seus conselheiros e agentes de propaganda alli se acham discriminadas, e é bem de observar que se menciona um ajudante para o director de vendas — trabalhando, como nós, sob a superintendencia do Presidente e Director Geral — e a cargo de quem ficaria a responsabilidade do vultoso trabalho de estatistica e fomento de vendas.

Em qualquer negocio moderno o registo dos resultados e a cuidadosa analyse da relação entre os dados estatisticos constituem a base de todo o trabalho de propaganda e vendas. As previsões da producção, os programmas de vendas e as campanhas de propaganda surgem immediatamente do estudo e da applicação dos dados estatisticos.

Voltando ao quadro de organisação, presumimos que, embora os varios directores e seus assistentes tenham taréfas determinadas a desempenhar na superintendencia dos differentes departamentos, esses directores juntamente com o presidente e talvez outros membros da directoria, virão a constituir além disso o Conselho Organisador de Planos. A finalidade deste Conselho é de caracter consultivo e não executivo. As commissões são uteis para planejar e formular directrizes, jamais para dirigir ou executar planos adrede preparados.

Para que esse Conselho Organisador de Planos possa formular as suas normas baseado em factos e dados reaes a respeito do ramo de negocio de VV.SS., commettemo-nos a tarefa de proceder a investigações entre os seus clientes, seus competidores e o publico consumidor em geral. Taes investigações foram effectuadas em São Paulo, Rio de Janeiro, Recife, Porto Alegre e Bello Horizonte. Por emquanto analysamos e classificamos em relatorios separados apenas os resultados das investigações em São Paulo. Tão pronto estejam restabelecidas as communicações, apresentar-lhes-emos, na mesma forma, o resultado dos nossos trabalhos em outros territorios. Taes relatorios devem merecer cuidadoso estudo como documentos comprobatorios que são, destinados a ter accentuada influencia no plano geral.

-5-

ORGANISAÇÃO DAS VENDAS E AS DIRECTRIZES GERAES.

Toda a empreza industrial próspera, tem de cuidar seriamente do grande problema da distribuição. Esta phase do trabalho da empreza comprehende todas as suas relações com os atacadistas, varejistas e o publico consumidor, e abrange todas as tarefas de vendas, seu fomento, estudo do mercado e propaganda.

Quer seja a direcção deste departamento confiada ao presidente e director geral, quer seja ella entregue a um habil e experiente director de vendas, representa de qualquer modo uma responsabilidade que não pode ser desempenhada por um Conselho ou dividida entre um grupo de chefes de departamento, gerentes de filiaes ou inspectores de vendas.

Os problemas da direcção de vendas são essencialmente problemas hodiernos. Não ha muitos annos, a média dos estabelecimentos commerciaes importantes éra constituida por distribuidores de generos de primeira necessidade que vendiam mercadorias para as quaes já existia demanda. O vendedor era então encarado como um homem cujo dever era visitar os varejistas; em geral, um rapaz agradavel, com o dom natural de fazer relações, que simplesmente corria o paiz visitando seus velhos amigos do ramo para recolher os pedidos que elles tivessem de dar. Dentro desse systema a superintendencia dos vendedores era algo deixado geralmente a cargo do membro mais moço da familia do proprietario ou entregue ao guarda-livros de confiança, cuja actividade principal em materia de vendas consistia em registar os pedidos e criticar as despezas das contas de viagem.

Mais recentemente porém, começou a evidenciar-se uma melhor comprehensão da doutrina de que "a organisação e a manutenção de um corpo productivo de vendedores é realmente a mais importante conquista para uma firma". E ficou demonstrado que, para manter um volume de vendas estavel e satisfactorio, eram necessarios os serviços de um director de vendas dotado de experiencia e profundo conhecimento do negocio e que possuisse capacidade de organisação em um gráu fóra do commum, além de um perfeito conhecimento da arte de manejar os homens.

O Gerente de Vendas.

O gerente de vendas deve ser dotado de um espirito pedagogico. Tem de ser capaz de escolher os homens que poderão vender com exito os productos de sua companhia e tambem de trabalhar continuadamente já com a organisação em geral, já com cada um dos gerentes de filiaes ou dos inspectores viajantes, dando-lhes instrucções pormenorisadas, mostrando-lhes meios de vender, instruindo os novatos no trabalho de vendas e animando a totalidade dos que trabalham em vendas de modo tal a obter tudo o que é possivel da intelligencia, da lealdade, do enthisiasmo e do incansavel esforço de cada um dos membros da organisação de vendas.

170

-6-

O objectivo final de qualquer organisação commercial é vender mercadorias realisando um lucro. Por conseguinte, a efficiencia do departamento de vendas é assumpto de relevante importancia tambem para cada um dos outros departamentos do negocio. Tal efficiencia não pode alcançar o seu maximo desenvolvimento a menos que cada um destes outros departamentos coopere com a organisação de vendas naquelle sentido.

Vender por si só não traz resultados. Vender não produz o typo de artigo que o consumidor deseja. Vender não garante a pronta entrega, as bôas relações de credito, nem o typo exacto de serviço que o consumidor esperava. Tudo isto são coisas que têm de ser obtidas mercê da cooperação dos outros departamentos do negocio e é imperativo que a pessoa responsavel pela gerencia de vendas seja tão capaz de obter esta cooperação como de escolher, instruir e dirigir os seus homens.

Cooperação entre Departamentos.

O departamento de vendas e o departamento de propaganda são entre todos os de mais rigorosa inter-dependencia. A cooperação e harmonia entre esses dois departamentos, assim como entre estes departamentos, a gerencia geral e a empreza de propaganda, é coisa absolutamente essencial.

A propaganda e as vendas não são sómente os dois factores principaes da distribuição, como tambem os departamentos mais intimamente ligados. A propaganda é geralmente usada como um meio de preparar o caminho para o vendedor, de facilitar os seus esforços e de auxiliar o seu trabalho. Por isso tudo, o gerente de vendas deve ter uma influencia decisiva nos planos de propaganda da sua companhia e nenhuma campanha de propaganda deverá ser posta em vigor se contrariar o plano de vendas. Sob a direcção appropriada das vendas, os planos de propaganda quando executados, encontrarão o mais ardente e sincero apoio da organisação de vendas, tanto no escriptorio da Casa Matriz como no territorio.

O gerente de vendas tem muitas e importantes affini- dades com o departamento de producção. Elle deve entender bastante de producção para comprehender que a estandardização é um dos melhores meios de reduzir o custo de producção. O gerente de vendas alcança, talvez melhor do que qualquer outro, que para a firma continuar a obter um volume crescente de negocios, é indispensavel que mantenha perma- nentemente a qualidade do seu producto e que qualquer tendencia contraria deve ser insistentemente combatida por elle. Naturalmente o gerente de vendas olha todos os problemas da producção sob o ponto de vista das vendas e, se elle tem effectivamente pratica da sua especialidade, procurará conseguir á medida que o tempo passa, que os homens da pro- ducção comprehendam aquelle mesmo ponto de vista. Para isso procurará trabalhar na maior harmonia com o gerente de producção, no sentido de reduzir o custo de fabricação e eliminar, na medida do possivel, tanto as épocas de inercia como as de urgencia na producção.

-7-

Completa e amistosa deverá ser tambem a cooperação entre o departamento de vendas e o de credito. Embora seja para desejar que haja um modo de proceder adoptado para as questões de creditos, cobranças e pagamentos tambem está provado que systemas muito exigentes em materia de credito prejudicam muitissimo o departamento de vendas tornando, com o correr do tempo, quasi improductivo o trabalho deste.

Posto que as decisões finaes em materia de credito devam ser deixadas em ultima analyse ao criterio do encarregado desta secção, frequentemente este deve confiar nos vendedores e nos gerentes de filiaes no tocante a informações, especialmente quanto aos riscos para com compradores de pequeno capital. Por esse motivo é necessario que o chefe da secção de credito tenha a maior bôa vontade de sua parte para cooperar com o gerente de vendas.

Os que trabalham na secção de reclamações devem ter a comprehensão exacta do espirito das vendas, para que as reclamações sejam tratadas com o necessario cuidado e a mais ampla visão. De outra fórma existe sempre o perigo das duvidas já existentes entre um cliente e a casa se tornarem ainda mais accentuadas ou peior ainda que cheguem a desapparecer de todo as bôas relações de longa data mantidas entre a casa e o cliente. A attitude energica de um gerente de vendas sobre esta parte do trabalho do escriptorio póde chegar ao ponto de exercer poderosa influencia na conservação e ampliação da freguezia.

O gerente de vendas tem muito que ver com a direcção das finanças da firma. É indispensavel que o gerente das finanças comprehenda o alcance e providencie o custeio de todas as decisões do departamento de vendas. Quando o volume de negocios originado no departamento de vendas é grande, constante e as cobranças boas, tal problema encontrará solução no desenvolver natural do negocio. Quando, porém, o volume de vendas é rapidamente ascendente e os pedidos devam ser executados com rapidez para que os negocios sejam mantidos em bôas condições, maior provisão de capital deverá ser naturalmente investido. E este é o motivo por que tem de haver a maior harmonia, cooperação e comprehensão reciproca entre o gerente de vendas e o gerente de finanças.

Com refsrencia ao que acima ficou dito acrescentaremos que o gerente de vendas que não puder obter tal cooperação dos varios departamentos terá de luctar contra muitos obstaculos e deixará de realisar parte do trabalho que em virtude da sua capacidade e habilidade para executar lhe está naturalmente designado. Embora a habilidade em vender seja da maior relevancia e uma organisação efficiente de vendas, essencial ao successo de qualquer negocio, devem as boas vendas ser reforçadas pelo embarque immediato, a alta qualidade do producto e um serviço que satisfaça o cliente.

Obter o maximo dos vendedores nos territorios, é a tarefa principal do gerente de vendas — a verdadeira finalidade da direcção de vendas. Em virtude disso deverá o gerente de vendas delegar a outrem todo o trabalho de rotina e de detalhe na medida do que fôr praticavel afim de reservar o seu tempo, o seu pensamento e a sua energia para devotá-los ao seu trabalho mais importante.

-8-

Visitas ao Territorio.

Quando os vendedores passam pelo escriptorio central apenas uma ou duas vezes por anno ou quando têm suas sédes nos territorios e encontram os seus chefes a intervallos mais ou menos longos, o gerente de vendas deverá planejar uma ou duas viagens annuaes nas quaes visitará cada um dos membros da sua organisação, trabalhando mesmo com elles, si possivel. Áquelles a quem não lhe fôr possivel visitar pessoalmente enviará o seu assistente para que o faça. Não ha nada capaz de pôr o gerente de vendas em mais intimo contacto com os seus vendedores ou de obter idéa perfeita da lealdade e apoio enthusiastico da parte delles do que ir ter ás suas sédes e com elles discutir as condições do territorio.

Nos casos em que haja filiaes com escriptorios de vendas poderá o gerente de vendas delegar algumas dessas funcções aos encarregados delles sob a condição de manter com estes permanente contacto.

Algarismos de Vendas e Estatisticas.

No mappa de organisação preparado para VV.SS. foram designados ao sub-gerente de vendas algumas das taréfas do departamento de vendas. O trabalho deste assistente é da maxima importancia para a futura estabilidade de negocio. Seriam suas funcções organisar e manter os algarismos de vendas e estatisticas necessarios ao tamanho e ao caracter do negocio de VV.SS. de maneira a que taes informações pudessem estar permanentemente á disposição para estudo e analyse antes de ser formulado qualquer plano de propaganda ou vendas.

Os registos e estatisticas do departamento de vendas são extrahidos dos algarismos dos pedidos recebidos, de investigações especiaes das condições dos territorios e dos relatorios enviados pelos vendedores. Neste particular é necessario ter em mente que um vendedor não deve ser demasiadamente sobrecarregado com trabalhos puramente de rotina. Quando um vendedor trabalhou sériamente por todo um dia e ás vezes mesmo até ás primeiras horas da noite, facilmente desanimará se tiver de dispender uma parte consideravel das suas horas de descanço preenchendo complicados e variados relatorios. O typo de homem que dá o melhor vendedor de mercadorias geralmente é avesso aos cuidados e aos detalhes que se exigem dos relatorios. É frequente o caso do vendedor que envia o maior numero e os mais pormenorisados relatorios não ser o que maior volume de negocios traz á firma. E a reciproca tambem é verdadeira: na maioria dos casos o vendedor que produz maior numero de negocios novos e repetidos pedidos, é geralmente aquelle cujos relatorios pela falta de frequencia ou de detalhes são a causa do desespero do compilador das estatisticas de vendas. O gerente de vendas habilidoso comprehenderá tal e aplainará a situação.

Relatorios dos Vendedores.

A despeito das informações que possam ser obtidas de outras fontes ha determinadas estatisticas sobre os territorios que

-9-

sómente podem ser fornecidas pelos vendedores. E os esforços delles
na obtenção de taes algarismos devem ser tão apreciados e tão bem re-
compensados como a habilidade que demonstrem em obter pedidos. De
accordo com o tamanho da organização, o caracter das filiaes e o numero
de vendedores nos territorios, deverão ser compilados registos do trabalho feito e a fazer.

Taes registos têm por fim prestar informação sobre a
maior ou menos capacidade com que a organisação de vendas está des-
empenhando seu trabalho e ao mesmo tempo mostrar as opportunidades
para augmento de negocios. O objectivo do departamento de vendas
é a distribuição perfeita do producto apezar da acirrada competição,
dos córtes em preço ou de quaesquer outros factores que porventura
surjam para impedir que a firma se torne senhora do mercado.

Possiveis Stockistas

Um dos mais importantes ficharios de qualquer organisa-
ção de vendas é o que contem a lista das firmas que podem ter o producto
em stock. Taes informações podem ser obtidas dos registos de vendas
antigos, dos relatorios dos vendedores activos que procuram nóvos meios
de distribuição para os productos com que trabalham, das listas de
negociantes, de guias geraes ou especiaes, dos bancos, dos editores de
jornaes de classe e de outras fontes.

O trabalho necessario á compilação desta lista será
facilmente compensado, especialmente no caso de VV.SS., cujos productos
são vendidos não sómente pelas pharmacias e drogarias como tambem pelos
empórios, armarinhos, perfumarias, bazares, magazines, barbearias e
feiras livres.

Taes registos nunca ficarão completos e são quasi sempre
incorrectos, seja qual fôr a perfeição com que houverem sido analysadas
as listas de onde derivam. Uma investigação local feita pelo seu
representante em cada cidade, certamente indicará casas de varios ramos
que podem manter em stock o seu producto com vantagem e cujos nomes
não haviam sido encontrados em nenhuma outra fonte. E de outro lado,
muitas firmas mencionadas em suas listas como stockistas logicos e
naturaes para os seus productos, a inspecção pessoal demonstrará que
por uma razão ou outra, não são desejaveis como taes.

A preparação d'aquellas listas exige em primeiro logar
a classificação dos provaveis stockistas em dois grupos: os essenciaes
e os dispensaveis. O stockista essencial é aquelle que, em virtude do
caracter da sua loja, sua importancia, sua localisação no territorio
ou os seus methodos progressistas de vender, deverá ter em stock os
productos Gessy para que a sua distribuição naquelle territorio seja
completa. O dispensavel é o pequeno varejista que nem faz os maiores
negocios nem tampouco lida com a melhor freguezia da localidade. Estes deverão ser procurados pelos seus vendedores depois dos chamados
essenciaes.

Tal divisão dos stockistas em duas categorias servir-

174

-10-

lhes-á de guia para no futuro dirigir seus esforços nas vendas e para a distribuição do material de exposição, propaganda, etc.

Na cooperação com o departamento de vendas para completar este archivo os gerentes de filiaes e cada um dos vendedores de um territorio têm uma funcção determinada. As informações fornecidas a respeito de cada possivel stockista devem ser registadas em fichas em duplicata, archivadas na ordem geographica de accordo com os territorios, os estados e as cidades. Alguns dias antes de um vendedor visitar determinada cidade as fichas originaes daquella localidade devem ser retiradas do archivo e enviadas a elle, ficando isso registado nas fichas duplicatas em poder do departamento de vendas.

Serão tambem remettidas ao vendedor algumas fichas em branco afim de habilitá-lo a preenchel-as, no caso de encontrar alguma firma que seja para desejar como stockista e que não esteja mencionada nas listas. Essa ficha uma vez feita deverá ser remettida immediatamente para o departamento de vendas.

Todas as fichas encimadas pelos nomes dos provaveis stockistas deverão ser verificadas pelos vendedores e nellas annotadas as seguintes informações:

1) É a firma para desejar como stockista ?

2) É essencial ou dispensavel ?

3) Mantem attrahentes vitrinas ou exposições dentro da loja ?

4) De quanto em quanto tempo muda taes exposições ?

5) Da propaganda feita pelo stockista: (a) Quantidade
                                    (b) Natureza
                                    (c) Efficiencia

6) Gráu de progresso e habilidade de commerciar do stockista a julgar pelos seus methodos de manter, cuidar e dispôr o seu stock.

7) Proporção em que se renovam e se esgottam os seus stocks de: (a) Sabonetes e Artigos de toilette
                      (b) A totalidade do stock.

8) Já teve os productos Gessy em stock ?

9) Poderá vender todos os productos Gessy ?

10) Qual é a venda approximada de: (a) Sabonetes
                                  (b) Pasta dentifricia
                                  (c) Sabão de barba
                                  (d) Pó de arroz e outros productos.

No verso de cada ficha haverá um espaço para o registo de cada pedido que o vendedor puder obter em seguida a cada visita.

-11-

Seguindo este methodo o vendedor, antes de abordar um negociante desconhecido, já saberá que especie de commerciante elle é e, quando fôr possivel obter essa informação, si ou não mantem elle stock de productos competidores; se já comprou alguma vez productos Gessy e neste caso a que intervallos e em que quantidades; em resumo, tanto o vendedor como a casa matriz terão, na maioria dos casos, uma boa base para julgar si o provavel stockista é o typo de commerciante junto a quem será conveniente fazer esforços para vender.

Todas as informações accrescentadas á ficha em poder do vendedor devem ser copiadas na duplicata em poder da casa matriz immediatamente apóz cada visita, de maneira que mesmo que o original se encontre nas mãos do vendedor ou haja sido perdido, o chefe do departamento de vendas tenha sempre á sua disposição um registo completo daquella firma.

Relatorios diarios dos Vendedores.

Dos vendedores deverão ser exigidos relatorios diarios indicando os nomes dos clientes ou provaveis stockistas a quem elles visitarem dando os resultados de cada visita. Este relatorio serve para mostrar o seu trabalho durante o dia e demonstra as condições de negocio naquelle territorio. Sempre que não se registe venda alguma, deverá ser mencionada a razão especifica porque tal não foi feito. O relatorio diario deve ser feito de molde a permittir ao escriptorio central reunir de uma só vez todas as informações que necessita de cada cliente visitado. A duplicação de trabalho pela multiplicação das formas de relatorio deve ser evitada tanto quanto possivel.

O gerente de vendas deverá estimular o vendedor a que lhe escreva cartas longas e intimas. Embora taes cartas não constituam relatorios na estricta accepção do termo representam na verdade as communicações mais importantes que o gerente de vendas póde receber dos seus vendedores. Em falta dellas, o gerente de vendas não poderá manter-se em tão intimo contacto com o trabalho dos seus vendedores nem tampouco ser para elles de todo o auxilio possivel. A frequencia e o caracter dessas cartas, chegarão mesmo a demonstrar a predisposição do vendedor para o trabalho e até que ponto absorveu elle o espirito da organisação.

Synopse dos Relatorios de Vendas.

O gerente de vendas deve ter constantemente deante dos seus olhos em qualquer sorte de graphico, a synopse das vendas de cada vendedor por dia e mez do anno vigente. Sendo possivel um registo semelhante das vendas dos annos anteriores deve achar-se tambem sempre á mão. Tratando-se de differentes productos, como é o caso de VV.SS. os quadros synopticos deverão indicar o volume de vendas de cada um delles. Deveriam tambem ser facilmente examinados registos semelhantes no que concerne á organisação em geral. Taes cifras são um grande auxilio para o gerente de vendas no dirigir aos seus vendedores cartas estimulantes e auxiliatorias.

No caso dos vendedores serem dirigidos pelo gerente da filial, os relatorios delles devem ser enviados diariamente á filial e

176

-12-

por ella diariamente á casa matriz. Verificar-se-ha, entretanto, que para o gerente de vendas será da maior vantagem manter-se em contacto directo com taes vendedores.

Cartões de Itinerario.

Se o vendedor fôr obrigado a mover-se rapidamente de uma cidade para outra e se antes da partida não lhe foi estabelecido um itinerario definitivo, é necessario que se instituam cartões de itinerario diarios, semanaes ou mensaes para que o gerente de vendas esteja sempre ao par dos movimentos do vendedor. Em taes cartões serão indicadas as cidades em que elle se encontrará em determinadas datas assim como os hoteis nos quaes poderá ser encontrado. Esse cartão deve ser de tamanho conveniente á remessa postal e ao archivo.

Relatorios sobre os Clientes.

Como supplemento ou substituto dos relatorios diarios anteriormente mencionados, verificar-se-ha- a conveniencia dos relatorios sobre os freguezes.

No caso de venda de tão variados productos como é o caso de VV.SS., convirá naturalmente que o gerente de vendas conheça exactamente a situação de cada cliente em relação a cada um dos productos, de modo a saber qual a proporção do ultimo pedido que ainda se encontra nas suas prateleiras, se o vendedor conseguiu vender-lhe na ultima viagem ou se é um provavel comprador para a proxima, assim como se foi supprido por um competidor e nesse caso quando provavelmente voltará a comprar.

Além disso póde ser necessario que o vendedor auxilie o trabalho do departamento de credito informando da situação financeira do cliente, da importancia do seu negocio e das condições geraes da sua loja e do seu stock.

Mappas de Vendas.

O departamento de vendas deve possuir uma collecção de mappas abrangendo todos os territorios de vendas nos quaes serão indicadas as filiaes, o itinerario dos vendedores atravéz dos seus territorios, as sédes dos provaveis compradores mais importantes e outras informações sobre as vendas e os territorios de caracter absolutamente essencial e frequentemente procuradas para referencia.

Synopse Mensal

O gerente de vendas deverá possuir um registo mensal do numero de vendas, seu volume e especie das mercadorias vendidas. Sendo possivel, tambem os prazos a que taes vendas foram feitas. Um registo como este habilita-o a verificar immediatamente quaes as mercadorias que estão sahindo mais rapidamente, e a conceber planos para fomentar a venda das mercadorias que deixam maior lucro, de sorte a prever o volume futuro de vendas de cada producto e comparar os resultados com os dos periodos anteriores.

Os algarismos estatisticos devem ser capazes de permittir ao gerente de vendas fazer, em qualquer tempo, quaesquer comparações que julgue necessarias. Algarismos demais são quasi tão inuteis como algarismos de menos. E todos custam dinheiro. Por isso só devem ser compiladas as estatisticas que fôrem necessarias. Suggerimos que se obtenham as informações necessarias á preparação de mappas, demonstrando a relação das vendas effectuadas com as previstas; a relação das despezas incorridas com as vendas realizadas; a relação das vendas num determinado ponto do paiz com as effectuadas nos outros. É necessario ter sempre em mente que as estatisticas de vendas têm dois objectivos principaes: primeiro, habilitar o gerente de vendas a medir a extensão dos negocios que a organisação poderia realisar e verificar qual a porcentagem destes que ella effectivamente realisou, dest'arte encontrando os pontos fracos da organização, tomando conhecimento dos productos que se vendem mais e porque, e finalmente obtendo uma idéa exacta da capacidade de producção de cada um dos seus vendedores; e, segundo, fornecer aos vendedores o maior numero possivel de medidas de auxilio e cooperação dentro dos seus territorios.

-14-

PROPAGANDA.

De traz de cada campanha de propaganda deve haver um unico homem responsavel pelo seu successo. Seu cargo pode ser tanto o de presidente como de gerente geral ou director commercial ou ainda gerente de propaganda ou outro qualquer. Seja porém qual fôr seu titulo, sua taréfa é conceber e executar nóvos meios de expandir o negocio por meio da publicidade.

O director de propaganda é antes de tudo um chefe. Elle deve conhecer a organisação e comprehender e sentir o peso dos valores applicados na creação, producção e applicação dos materiaes e das directrizes da propaganda. Muito poucos factores da propaganda estão estandardisados, por conseguinte a decisão pessoal é sempre de primacial importancia no julgar os detalhes de uma campanha. A propaganda sendo uma das partes mais seductoras do negocio, é natural que todos nella desejem tomar parte. Entretanto tal situação mais cedo ou mais tarde viria causar serías difficuldades. Um velho adagio portuguez affirma que "a panella em que muitos mexem nunca sae bem temperada." A propaganda deve ser feita com um unico objectivo em vista. E este deve ser a resposta á pergunta: "O que nos fará ganhar maior numero de clientes ?" E jamais "O que agradará á directoria ?"

Campanhas de propaganda sem conta têm redundado em verdadeiros fracassos, unicamente porque as recommendações do director de propaganda foram alteradas por planos que se baseavam exclusivamente em preconceitos ou opiniões pessoaes dos seus superiores hierarchicos.

É claro que os responsaveis pelo negocio devam ser ouvidos; elles mesmos porém reconhecerão que não lhes é possivel prestar attenção a detalhes, a menos que a elles dediquem a totalidade das suas attenções. O chefe de propaganda escrupuloso procura ouvir a opinião de todos os departamentos, porém se um só homem é o responsavel pela propaganda, ninguem deve interferir a ponto de tirar-lhe esta responsabilidade dos hombros. Embóra muitos chefes de propaganda confiem inteiramente no departamento de vendas e nas informações dos vendedores para conhecimento das attitudes dos consumidores e dos stockistas, não deve ser esquecida a importancia de obter informações directas das condições do mercado pelo contacto pessoal com os territorios.

O chefe de propaganda tem de trabalhar na maior harmonia de vistas com o departamento de vendas e a empreza de propaganda. A propaganda é apenas um dos factores de vendas e nenhuma campanha de propaganda pode ser devidamente levada a effeito sem que se tenham sempre em vista os methodos e problemas das vendas.

Por intermedio do chefe de propaganda, o departamento de vendas deve manter-se ao par do que se está fazendo e planejando em propaganda, de sua parte fornecendo áquelle todas as informações de que

elle necessitar e dando-lhe permanentemente a mais ampla cooperação
para o maior exito do negocio em geral.

Nem as vendas nem o departamento de propaganda deverão
sózinhos planejar uma nova campanha; os novos planos devem resultar
de conferencias nas quaes fique perfeitamente determinada a coordenação
das funcções da propaganda e das vendas.

A campanha de propaganda deve ser concebida, tendo como
ponto de partida um thema determinado pelo objectivo das vendas e as
directrizes geraes do negocio. O desenvolver das normas de propaganda
géra-se dum perfeito conhecimento da idéa central do departamento de
vendas.

Meios de propaganda.

São os seguintes os meios de propaganda que VV.SS. podem
utilisar:

1) PUBLICAÇÕES   — (a) Jornaes
                     (b) Revistas

2) RADIO

3) PROPAGANDA AO AR LIVRE — (a) Cartazes lithographados
                              (b) Placards Pintados
                              (c) Paineis esmaltados, de metal
                              (d) Annuncios luminosos
                              (e) Annuncios em bonds
                              (f) Annuncios em estradas de rodagem

4) PROPAGANDA DIRECTA PELO CORREIO — (a) Cartas
                                     (b) Folhetos
                                     (c) Prospectos
                                     (d) Impressos

5) MATERIAL PARA LOJAS — (a) Cartazes para vitrinas
                           (b) Cartazes para balcão
                           (c) Cartazes para pendurar
                           (d) Folhetos para balcão
                           (e) Outro material para exposição nas lojas.

6) MATERIAL PARA AUXILIAR O VAREJISTA — (a) Catalogos
                                        (b) Prospectos
                                        (c) Folhetos
                                        (d) Provas de annuncios
                                        (e) Cartas

Vamos agora fazer considerações sobre o uso vantajoso
desses differentes meios para o caso de VV.SS.

-16-

Publicações

Jornaes. O jornal diario presta o mais importante dos serviços de propaganda quando empregado numa campanha continua e persistente com o fim de educar ou persuadir o publico em geral. A leitura de jornaes é geralmente um habito e a repetição constante dos anmuncios num vehiculo que chega ás casas com regularidade para ser lido dia por dia determina a formação de habitos de compra e continuado uso dos productos annunciados.

O jornal diario é o mensageiro das noticias e a sua finalidade é informar. O leitor assiduo olha o jornal como uma fonte constante de informações sobre os acontecimentos locaes e universaes, e nelle procura as novidades sobre os objectos e os serviços que o publico pode obter para seu conforto, sua protecção, sua saúde, prazer, melhoria de cultura e bem estar geral.

A compra de jornaes é feita em primeiro logar em virtude do seu conteúdo em noticias e materia editorial e as informações que elles trazem em matéria de propaganda são para o leitor meramente accidentaes. Dahi a razão por que se tem de empregar o maior cuidado e habilidade para apresentar o anmuncio com o maximo de visibilidade, de attractivos e de valor informativo. O jornal só mui raramente é comprado para ler anmuncios, e por isso a propaganda a principio é observada por méra casualidade. Somente quando se torna evidente para o leitor que o anmuncio pode trazer-lhe alguma vantagem é que a propaganda começa a produzir a impressão desejada pelo anmunciante. O anmuncio que houver sido preparado com a intenção de demonstrar as vantagens que advirão ao anmunciante pela venda do seu producto deixa o publico completamente indifferente quando não produz impressão adversa. O publico não se interessa sinão por si proprio e chega a pensar e agir de accordo com os desejos do anmunciante se o anmuncio offerecer-lhe algum beneficio.

O valor do anmuncio em jornaes não deve ser julgado pela observação do leitor accidental dos periodicos. O homem que pára na rua para dar uma olhada aos titulos das noticias do jornal que acabou de comprar, ou o passageiro de bonde que apressadamente folheia o jornal durante seu breve trajecto, não representa em absoluto a grande massa cuja leitura persistente e diaria da imprensa tem trazido anno apoz anno ganhos e vantagens aos anmunciantes em jornaes. É o jornal lido na tranquillidade do lar, especialmente pela mulher, que torna a imprensa o importante meio de propaganda que é. Mais tarde apresentaremos em detalhe e discutiremos com VV.SS. verbalmente a lista dos jornaes que, na nossa opinião representam os melhores vehiculos de propaganda a serem empregados por VV.SS.

Revistas. Emquanto o jornal dissemina as noticias, a funcção principal da revista consiste em interpretal-as; sendo publicadas mensalmente ou a intervallos mais frequentes as revistas empregando outros methodos de impressão e contando com mais tempo para a preparação de sua parte editorial offerecem uma apresentação mais attrahente tanto ás suas historias como aos anmuncios que inserem. A revista é lida com mais calma do que o jornal. Vive por mais tempo no lar e offerece por conseguinte

-17-

um vehiculo extraordinariamente importante para o annuncio, tanto no que concerne á illustração como ao texto.

Às revistas, em virtude da sua parte pictorica, grande variedade de materia editorial, artigos de caracter informativo, novellas e historias despertam um especial interesse na mulher que lê. Longa pratica de propaganda tem demonstrado que a força dos annuncios em jornaes torna-se consideravelmente augmentada si se apoia numa campanha de propaganda em revistas. E esta verdade assume ainda maior proporção si se pretende interessar á mulher leitora. Calcula-se geralmente que a mulher compra pessoalmente ou indirectamente influencia na compra de 80% das utilidades consumidas pelo casal e pelos filhos.

Como parte deste estudo recommendamos o uso de determinadas revistas a serem incluidas no seu orçamento de propaganda.

Radio

Nestes ultimos oito annos o radio tem dado passos agigantados como meio de propaganda do typo memorandum. Certamente não está longe o dia em que todas as familias de appreciavel poder aquisitivo possuam um typo qualquer de apparelho receptor de radio.

Até agora foi nos Estados Unidos que o radio attingiu o maior desenvolvimento commercial e a primeira serie de programmas de propaganda pelo radio naquelle paiz foi escripta e dirigida por N. W. Ayer & Son, Inc. Está demonstrado que os programmas de propaganda para serem acceitos pelo publico têm de consistir de pelo menos 90% de entretimento quer seja musical, vocal, dramatico ou outro qualquer. Os programmas de radio são bem recebidos e crescem em valor quanto á propaganda, na razão directa da qualidade e quantidade de entretimento que offerece. Durante o estagio experimental do radio como propaganda, verificou-se que as irradiações sobrecarregadas de annuncios faziam o publico resentido e depois positivamente indignado. A maioria das séries de annuncios pelo radio acceitaveis limitam-se a uma referencia bréve ao annunciante patrocinador do programma. Repetir o nome do annunciante ou fazer uma referencia ao seu producto de minuto a minuto resulta invariavelmente em prejuizo do verdadeiro proposito com que a série de programmas foi lançada.

É claro, por conseguinte, que os annuncios pelo radio não podem ser empregados em substituição aos annuncios pela imprensa. O annuncio pelo radio deve limitar-se a lembrar ao publico a existencia de certo producto ou serviço, e qualquer exposição dos meritos de um producto ou das razões para a sua compra deve ser deixada aos annuncios de jornaes e outras formas de propaganda.

Propaganda ao ar livre

Todas as formas de propaganda ao ar livre são simplesmente prolongamentos do nome do annunciante ou do seu producto nas vitrinas de sua loja ou fóra della. Em épocas remotas a propaganda ao ar livre consistia apenas no annuncio disposto em frente á loja como indicação de que o publico alli deveria ir comprar. Com o crescer das populações e em virtude das formas variadas de meios de transporte que appareceram, tornou-se necessario collocar indicadores dirigindo o transeunte para este ou aquelle endereço onde determinada mercadoria poderia ser comprada.

O simples facto de que qualquer annuncio ao ar livre póde tão sómente e, na melhor das hypotheses, captar a attenção do transeunte por poucos segundos apenas, deixa immediatamente transparecer que uma tal forma de propaganda, em virtude de sua propria limitação, jamais poderá tomar o logar dos annuncios em jornaes e outras formas de propaganda no apresentar ao publico a apregoação de um artigo.

Na classe de propaganda do typo memorandum, porém, as differentes formas da propaganda ao ar livre, merecem ser consideradas.

Propaganda directa pelo correio.

A propaganda directa pelo correio é uma forma dispendiosa de apregoar a mercadoria ao publico em geral. Qualquer campanha deste caracter exige muito tempo, material caro e os serviços de pessoal habilitado. No caso de VV.SS., somos de opinião de que o uso de propaganda pelo correio deve ser muito limitado e baseado na sua propaganda pela imprensa.

Recommendamos para estudo de VV.SS. a preparação de um livreto attrahente contendo receitas de belleza e informações sobre o cuidado da pelle e dos cabellos, a maneira de evitar molestias contagiosas, o cuidado das crianças, etc.

Este livreto deveria ser escripto para a mulher e deveria dar a impressão de ter sido preparado por uma especialista em taes assumptos. Seria offerecido gratuitamente, por intermédio dos annuncios em jornaes, devendo ser preparado um plano em que fosse determinada a maneira de attender taes pedidos.

Ordinariamente este trabalho pode ser feito por uma stenographa, cuidadosamente instruida para esse fim pelo departamento de propaganda. Cada pedido deveria seguir este processo:
1º. O pedido seria carimbado com a data de chegada e numerado com um algarismo de série.
2º. Uma carta, adrede preparada, seria enviada á solicitante nessa mesma data. Tal carta além de agradecer o pedido deveria dizer alguma cousa sobre o livreto, fazendo votos para que elle viesse a ser util á solicitante e avisando-lhe da remessa feita em envelope separado.
3º. O livreto seria enviado dois dias depois da data daquella carta.
4º. Dez dias apóz disso, deveria ser remettida ao endereço da solicitante uma outra carta dizendo esperar que o livreto tivesse sido recebido e julgado util. Tal carta além disso offereceria conselhos sobre quaesquer assumptos em que a consulente tivesse duvidas.

-19-

Ambas as cartas deveriam ser escriptas em um papel de carta especial, de apparencia feminina e distincta, e o cabeçalho indicaria não o departamento de vendas ou de propaganda, mas a "Direcção do Instituto de Belleza Gessy". A assignatura feminina num bello typo de calligraphia seria um nome escolhido para este fim.

Na segunda carta em p.s. mencionar-se-iam as firmas de dois ou mais varejistas da cidade da consulente, nomes esses extrahidos da lista dos stockistas de todos os productos Gessy.

Ao mesmo tempo, o seu departamento de vendas enviaria uma carta ou um cartão especial para este fim, a cada um dos stockistas mencionados na segunda carta á consulente. Naquella carta poderia ser incluido um cartão para resposta no qual o stockista informaria dos passos que deu a respeito do assumpto e se foi ou não procurado pela solicitante.

Este systema de proceder no tocante á solicitações dos consumidores tem provado ser extremamente util, tanto para travar relações com clientes novos como para prestar um serviço ao stockista que é por elle sempre apreciado.

Os impressos e os avulsos para enveloppes são geralmente uteis, porém demasiado dispendiosos a menos que se possam obter methodos satisfatorios de distribuição. Os impressos prestam-se geralmente para distribuição por intermedio dos varejistas; a experiencia com este typo de propaganda não é muito satisfatoria, pois o varejista geralmente prefere um folheto para balcão que possa ser embrulhado com o sortimento de mercadorias a ser entregue em casa do freguez.

Os avulsos para enveloppes como o nome mesmo define, são pequenos impressos ou folhetos de fórma a servirem dentro dos enveloppes dos varejistas, para serem enviados com as contas mensaes. Podemos adiantar, entretanto, que os seus varejistas não terão interesse em distribuir este material mesmo que lhes seja entregue á porta da loja sem despeza alguma.

Material para Lojas

Preparamos e estão agora na lithographia, trez cartazes que, formando um conjuncto, serão usados para vitrinas e individualmente poderão servir para exposições de balcão. Não recommendaremos a producção de nenhum outro material para vitrina ou balcão antes da época das festas de fim de anno e sobre este ponto mais tarde voltaremos a tratar com VV.SS.

Os cartazes pendentes são de valor discutido e a producção delles em quantidade pequena, sempre dispendiosa. Os estabelecimentos de primeira classe não os acceitarão, e unicamente os outros varejistas taes como armazens estarão dispostos a usal-os. Parece-nos

184

-20-

porém que o volume de vendas de cada um destes ultimos de per si não compensa a despeza em que VV.SS. incorrerão na producção de taes cartazes.

Os folhetos para balcão teriam de conter mais ou menos as mesmas informações que mais apropriadamente poderiam ser incluidas num pequeno folheto collocado em cada caixa de trez sabonetes, ou no livreto a ser distribuido aos consumidores. O valor dos folhetos para balcão depende inteiramente das possibilidades para a sua distribuição e no lidar com esse material VV.SS . ficariam dependendo muito das possibilidades de obter a cooperação dos seus varejistas. Taes folhetos trariam uma descripção de cada um dos productos Gessy e dest'arte seriam de inestimavel valía como meio de introduzir os productos Gessy que fossem desconhecidos de novos e velhos consumidores de outros productos da sua marca. É possivel que algum antigo cliente dos seus varejistas venha comprando ha muito sabonete Gessy, por exemplo, sem imaginar sequer que poderia desfructar com a mesma satisfacção o uso de outros productos Gessy taes como pasta de dentes, pó de arroz, etc.

Na appreciação de outros materiaes que podem ser offerecidos aos seus varejistas vamos fazer-lhes uma suggestão que na nossa longa pratica tem provado ser uma das mais convenientes e aproveitaveis até agora empregadas em negocios semelhantes ao de VV.SS. Tal suggestão consiste em que VV.SS. procurem induzir os varejistas a terem sempre reunidos em uma determinada parte de suas lojas todos os productos Gessy. Commummente o varejista expõe o sabonete Gessy com os outros sabonetes, o creme de barba Gessy junto com os outros cremes de barba, e a pasta de dentes Gessy ao lado das outras pastas de dentes, procedendo da mesma maneira com o pó de arroz Asturias, e todos outros productos seus. Ora, os varios typos de mercadoria são guardados em differentes cantos da loja e a freguêza habituada a comprar sabonete Gessy emquanto faz as suas compras não tem opportunidade de ver os outros productos Gessy. Entretanto si todos os outros productos da sua marca se encontrassem reunidos o interesse della pelos outros productos Gessy seria facilmente despertado pelo vendedor emquanto estivesse procurando serví-la.

Este plano adoptado por suggestão nossa, por um fabricante americano de pasta de dentes, sabão de barba e outros productos similares, apoiado numa campanha de propaganda cuidadosamente organisada, determinou a duplicação das vendas dos seus productos effectuadas pelas pharmacias.

Suggerimos por conseguinte que VV.SS. estudem a conveniencia de preparar pequenas taboletas em madeira natural de preferencia tendo gravado em ouro o seguinte: "Productos Gessy" ou, "Vendedor autorisado dos Productos Gessy". Esta taboleta seria affixada contra a prateleira ou proximo á caixa.

Uma outra suggestão para material de exposição nas lojas e que tem sido empregada com successo em varios paizes europeus, é a impressão de um desenho ou de um nome em papel leve para cartazes e que depois de impresso é plissado. Em virtude das suas dobras este papel torna-se extremamente elastico e póde ser esticado até o maximo ou contrahido para menores formatos sem prejudicar a leitura da palavra impressa.

-21-

O papel impresso em rolos deve ter de 70 centimetros a um metro de altura. Collocado entre o forro e o começo das prateleiras no fundo ou nas paredes lateraes das lojas, serve como uma advertencia contínua ao cliente que nellas entra para comprar. Quando o seu vendedor visitasse um varejista, mostrar-lhe-ia uma photographia de interior de uma loja com esse anmuncio na parede, e si o varejista concordasse em usa-lo, bastaria ao vendedor medir approximadamente a extensão da parede para determinar immediatamente quantos metros de um tal cartaz seriam precisos. Elastico como é poderia este anmuncio ser esticado e pregado com percevejos de maneira a preencher exactamente o espaço visado.

Poder-se-ia ainda utilisar este cartaz collocando-o sobre as vigas que porventura atravessassem a loja de um lado a outro, o que, em qualquer caso teria sempre magnifico effeito. Lojas haveria possivelmente menos interessadas por esse typo de anmuncio, outras que talvez não dispuzessem de espaço para elle, a maioria porém poderia usal-o com vantagem.

O principal fabricante allemão do sabão em pó, "Persil", vem usando com vantagem esse systema em todas as lojas da Allemanha.

Material para Fomento de Vendas

O élo mais fraco da cadeia de vendas, encontra-se justamente no ponto em que fazem contacto o cliente e o caixeiro do varejista. Muitas campanhas de propaganda perfeitamente planejadas, têm visto o seu successo restringido porque o anmunciante deixou de informar perfeitamente os seus varejistas e os empregados destes, dos seus planos de propaganda e vendas.

Não é difficil encontrar fabricantes remissos na preparação e distribuição de catalogos attrahentes cuidadosamente executados. Mais commum ainda é o caso de departamentos de propaganda e vendas que não dão bastante attenção ao informar as organisações dos seus varejistas dos planos que formulam para a educação do publico e a expansão das suas vendas.

Jamais um programma de vendas deve ser começado sem que estejam perfeitamente ao par delle todos os que compõem a organisação de vendas dos varejistas que além disso devem ser convidados a dar-lhe toda a cooperação em todos os pontos de que depender o successo da campanha. Neste sentido o prospecto é a peça mais importante de todo o material destinado a fomentar as vendas dos varejistas. O prospecto é uma grande folha de papel que, dobrada varias vezes, chega a um formato capaz de ser enviado pelo correio. O prospecto deve conter, em primeiro lugar, uma mensagem de encorajamento ao varejista e depois explicar-lhe claramente a campanha que se tem em vista lançar especialmente no que depende da cooperação delle mostrando-lhe o proveito que advirá aos que nella cooperam. Além disso, deverá reproduzir exemplares dos anmuncios com informações a respeito dos jornaes e outros meios que serão empregados para divulga-los, dando a circulação que terão entre os clientes do varejista.

-22-

O prospecto é sempre o primeiro passo de cada campanha especifica e accompanharão sempre todas as nossas recommendações para propaganda suggestões para remessa de taes peças aos varejistas.

Os folhetos além dos catalogos e dos impressos avulsos para inserção nestes, são de especial valor quando se trata da introducção de novos productos ou da descripção de campanhas de vendas especiaes, concursos ou alterações em preços ou descontos.

Como ficou anteriormente explicado os folhetos para a distribuição no balcão aos clientes dos varejistas, são uteis sómente quando se lhes pode assegurar distribuição efficiente. No caso de vir a ser preparado no futuro material como este, exemplares delles ou um folheto que os descreva, mostrando os varios typos de material destinado a distribuição á clientela, deve ser enviado aos varejistas afim de que elles fiquem perfeitamente ao par das actividades de VV.SS. em matéria de fomento de vendas.

As provas dos annuncios devem ser enviadas regularmente aos varejistas quando não lhes tenham chegado por intermedio do prospecto. Na sua correspondencia regular com os varejistas, devem VV.SS. incluir provas dos annuncios chamados a apparecer nos jornaes nos dias a seguir á chegada da carta ás mãos do varejista. A respeito desse assumpto suggerimos que VV.SS. nos dêm uma ordem permanente para determinado numero de provas de cada annuncio, provas estas que serão entregues a VV.SS. com tempo para serem enviadas aos varejistas antes da inserção dos respectivos annuncios.

A todos os varejistas o gerente de vendas de VV.SS. deve escrever cartas de caracter amistoso e tendentes a auxilial-os no seu trabalho de vendas. Na nossa opinião, pelo menos uma vez por mez, deve o gerente de vendas de VV.SS. se dirigir aos varejistas, sendo que muito cuidado e attenção devem ser devotados a esta correspondencia pois o tempo vem provando que uma série de cartas bem feitas do gerente de vendas ao varejista é de grande assistencia aos vendedores nos territorios, podendo mesmo chegar ao ponto de manter a cooperação amistosa e cordial daquelles de quem VV.SS. dependem na distribuição ininterrupta dos seus productos.

<u>Amostras</u>

A distribuição de amostras tem sido em grande parte a causa do successo de muitos productos. É uma das mais velhas formas de propaganda e uma das melhores quando usada appropriadamente. Os systemas de distribuir amostras dividem-se em geral em trez grandes classes: (1a.) A forma mais commum é a distribuição do producto directamente ao consumidor, de modo a permittir que elle mesmo verifique a sua utilidade; (2a.) A demonstração nas lojas, nas feiras, ou em exposições onde se permitte ao consumidor apreciar o producto em uso e receber uma amostra com um folheto descriptivo; (3a.) Amostras distribuidas por intermedio de outros fabricantes. A seguir damos uma explicação de cada um desses trez methodos.

O primeiro methodo é o mais velho e o melhor meio de executá-lo consiste em fazer a distribuição de amostras de casa em casa. Em todos os tempos fabricantes de sabões e productos para lavar têm usado com resultados este systema. Geralmente o mesmo territorio pode ser resupprido de amostras cada dois ou trez annos. O resultado da distribuição de amostras de casa em casa repousa inteiramente no cuidado do distribuidor. Cada amostra deve ser entregue a uma pessoa de casa pois as amostras deixadas á porta de entrada são muitas vezes apanhadas por crianças que vêm seguindo o distribuidor. Tem sido affirmado e provavelmente com razão que a dona de casa que não se daria o trabalho de ir á loja para trocar um coupon ou fazer qualquer outra forma de experiencia com um producto, usará de bom grado a amostra se lhe fôr entregue a domicilio. A distribuição de amostras de casa em casa é sem duvida o methodo mais caro, no emtanto parece ser o que mais resultados dá nas cidades de tamanho médio.

O segundo methodo póde ser chamado "Distribuição em logares publicos". Ha um perfumista que obteve grandes resultados no lançamento de um novo perfume concertando com um gerente de theatro para que ajuntasse a cada programma distribuido um pequeno frasco-amostra do seu novo perfume. Em varias noites de espetaculo conseguiu elle distribuir as amostras do seu producto a milhares de frequenta-dores do theatro com uma porcentagem muito pequena de duplicação. Em cidades grandes este methodo permittiria uma distribuição rapida de amostras a um numero apreciavel de possiveis consumidores.

Outro methodo que dá resultado quando empregado em cidades de grande população, é a distribuição de pequenas amostras nos mais concorridos pontos de parada de omnibus e bonds durante as horas de maior movimento do dia, sobretudo quando a população começa a deixar os escriptorios com destino aos seus lares.

Si se pretender levar avante um programma de distribui-ção de amostras verificar-se-á a conveniencia de distribuil-as sobre-tudo a grupos reunidos em theatros, conferencias ou quaesquer outros, cobrindo dest'arte e rapidamente uma grande parte da população.

O terceiro methodo mencionado tem dado resultados a muitos fabricantes. De accordo com este systema as amostras dos differentes productos Gessy seriam distribuidos com mercadorias a elles relacionados e fabricados por outras firmas. No caso, por exemplo, de alguem comprar uma navalha de segurança ou pincel para barba, ser-lhe-ia offerecida uma pequena amostra de sabão para barba Gessy e, á senhora que comprasse um tijolinho de pó de arroz receberia gratuitamente uma pequena amostra do pó de arroz Asturias. Durante muitos annos o fabricante Norte-americano do oleo lubrificante que agora tem a mais ampla distribuição, obteve grandes resultados com a distribuição de uma pequena amostra do seu oleo, por intermédio dos fabricantes de apparelhos ou machinas de uso domestico, que necessitam lubrificação. Quando o consumidor abria o pacote da compra encontrava além desta a amostra do oleo e com o usá-lo, tornava-se um consumidor daquella marca de lubrificante.

-24-

Conhecem-se varios outros methodos de efficiencia comprovada, para a distribuição de amostras. Ha um fabricante de sabão que garante que o melhor methodo de distribuir amostras, por elle até agora utilizado, consiste na distribuição de premios em troca dos envoltorios ou coupons uzados como parte do empacotamento da barra ou caixa de sabão comprada a um varejista qualquer. Neste caso, tem de haver alguem encarregado de ir visitar todas as casas explicando as virtudes do producto, mostrando o premio e dizendo á dona de casa que tal premio ser-lhe-á offerecido se ella colleccionar um certo numero de coupons ou envoltorios do producto. Para habilitá-la a começar a collecção o encarregado entregar-lhe-á gratis, uma amostra do envoltorio ou do producto.

A distribuição de amostras por intermedio dos varejistas tambem dará resultado quando estes têm a certeza de que o fabricante os tratará com equidade e quando estão satisfeitos com o lucro que o producto lhes deixa. Em taes circumstancias os varejistas de bom grado auxiliam o fabricante na distribuição do producto entre os seus clientes com a iiéa de augmentar as vendas delle.

Os varios methodos de distribuir amostras com a cooperação dos varejistas são os seguintes:

1) <u>Amostras com coupons</u>. Um plano frequentemente usado consiste em distribuir coupons de casa em casa ou enviá-los pelo correio, coupons estes destinados a serem trocados por uma amostra do producto em qualquer ou em determinadas lojas mencionadas no coupon. Effectivamente este methodo é apenas uma variante da distribuição de casa em casa, reduzindo-se com elle grande parte do disperdicio.

Outro methodo de usar coupons é publicá-los nos jornaes e autorizar os varejistas a entregar gratis uma amostra do producto em troca do citado coupon. Em outros casos o coupon habilita o seu portador a exigir o dobro da quantidade comprada: 1$200 e um coupon, por exemplo, adquiririam dois sabonetes Gessy.

Muitas vezes os coupons que dão direito a um producto novo, são distribuidos por intermédio de outros productos que ha muito desfructam popularidade e o comprador destes encontra dentro do envoltorio o coupon que lhe dá direito a uma amostra do producto novo. Este coupon geralmente tanto póde ser enviado directamente ao fabricante como trocado pelo producto na loja mais proxima.

2) <u>Amostras de inhapa nas compras</u>. Em vez de exigir que o cliente apresente coupons, costumam alguns fabricantes autorizar os seus revendedores a darem uma amostra do novo producto a cada comprador do velho. Houve um sabonete que foi introduzido em determinados mercados por intermedio dos emporios autorisados pelo fabricante a darem trez sabonetes de inhapa em qualquer compra de determinada quantidade de qualquer dos outros productos fabricados por elle.

3) <u>Amostras em pacotes de entrega</u>. Desde ha muito tempo vem sendo usado este systema de distribuição de amostras que consiste em entregá-las aos varejistas a quem se pede para incluir uma de cada vez nos sortimentos de mercadoria que durante um certo tempo a loja

fizer entrega aos seus freguezes. Muitos fabricantes verificaram que os varejistas não perdiam o seu tempo em collocar essas amostras nos sortimentos a entregar e por isso, na maioria dos casos, enviaram empregados seus para os grandes emporios para fazer este trabalho.

4) **Distribuição de amostras em demonstrações.** Um dos methodos muito preferidos na distribuição de amostras é o feito por occasião de demonstrações do producto. Os fabricantes de artigos de toilette facil- mente obtêm das lojas mais importantes da cidade que negociam com este typo de mercadorias permissão especial para fazer demonstrações no interior das lojas. Neste caso os freguezes têm opportunidade não só- mente de ver e utilizar o producto, como geralmente lhes é facultada uma amostra do mesmo para levar para casa.

Deve merecer grande consideração o methodo de compensar o varejista que coopera na distribuição de amostras. Ordinariamente o varejista não se oppõe de maneira formal a distribuir pequenas amostras de um producto aos seus clientes. Muitos varejistas julgam porém, que a distribuição de um numero consideravel de pequenas amostras prejudica sériamente a venda do producto. Esta objecção naturalmente não tem razão de ser no caso das amostras serem distribuidas a pessoas que não usam o producto. A maior relutancia dos varejistas á distribuição de amostras verifica-se no caso da distribuição do producto, no seu ta- manho commum, pois elle argumenta com certa razão, que cada producto distribuido gratis importa numa venda a menos. É claro que este argumento nem sempre é razoavel pois si alguem que nunca uzou o pro- ducto recebe uma amostra delle poderá facilmente tornar-se um consu- midor e por conseguinte um cliente regular daquella loja.

Excepto no caso de artigo completamente novo para o mercado não ha meio nenhum conhecido que possa assegurar a distribuição de amostras exclusivamente a pessoas que desconhecem o producto. Va- rios fabricantes chegaram á conclusão de que o melhor systema de evitar objecções na distribuição de amostras éra pagar aos varejistas o preço de varejo por cada uma das amostras distribuidas na sua loja. Neste caso as amostras saem do stock regular do varejista pelo qual elle pagou o preço de atacado, e sobre o qual, por este methodo obtem na distribuição da amostra o mesmo lucro que teria si houvesse vendido o producto.

Quando se fazem demonstrações no interior das lojas, o melhor plano a ser seguido pelo fabricante se pretende distribuir amostras do formato commum do producto, será comprar do varejista aos preços de varejo a mercadoria que necessita para aquelle fim.

Ha varias fórmas de compensar o varejista pela sua cooperação na distribuição de amostras; seja, porém, qual fôr o methodo empregado, não resta duvida nenhuma de que é necessario in- teressá-lo afim de obter sua inteira cooperação.

-26-

VERBA DE PROPAGANDA

Geralmente o industrial que pretende utilizar uma campanha de propaganda começa por fazer esta pergunta: "Quanto custa uma campanha de propaganda ?" Esta pergunta dirigida a uma empreza de propaganda produz mais ou menos o mesmo effeito que causaria a um architecto especialisado em construcções industriaes ouvir de alguem: "Quanto custará construir uma fabrica ?" A resposta á pergunta sobre propaganda depende inteiramente da natureza da campanha pretendida cuja escolha, a seu turno, tem de ser baseada num conhecimento profundo do negocio do industrial, numa clara visão dos objectivos a serem realisados e numa completa comprehensão da situação presente ou almejada pelo annunciante no seu mercado.

A propaganda requer tempo, dinheiro, intelligencia e energia commercial. A propaganda raramente paga o seu proprio custo nos primordios de uma campanha, pois ella tem a realisar varias funcções cada uma das quaes tem de ser cuidada progressivamente.

A propaganda augmenta o activo do annunciante criando a sua fama. Produz volume de vendas, geralmente determinando um decrescimo do custo de manufactura por unidade. E em virtude daquelle volume, diminue o custo de venda por unidade.

Em primeiro logar a propaganda deve ser olhada como um emprego de capital na compra da popularidade, e em segundo logar como uma garantia da estabilidade do negocio. Dentro dos principios da contabilidade criteriosa, o custo da propaganda deve ser debitado contra lucros e reservas do passado, até que possa ser levada á conta de despezas de venda sem augmentar o custo por unidade vendida.

Varias e differentes formulas têm sido adoptadas para chegar a um methodo de determinar a quantia a ser destinada á propaganda. Taes são, em poucas palavras, essas formulas:

1) Pôr de lado uma quantia determinada por unidade das vendas esperadas;

2) Estabelecer uma determinada quantia para cada possivel comprador com a intenção de prover um fundo sufficiente para empregar a propaganda como "seguro contra o esquecimento".

Nota. Uma das maiores fabricas de sabão dos Estados Unidos gasta cerca de \$0.01 por anno e por comprador possivel, isso baseado no recenseamento do paiz, delle eliminados aquelles habitantes que em virtude de serem de menor edade e outras causas não possuem poder aquisitivo independente.

-27-

3) Determinar uma parte do capital a empregar em propaganda respondendo a esta pergunta: "Quanto posso dispender ?"

Nota: Os annunciantes que mais commummente deparam com esta pergunta são aquelles que começam annunciando em pequena escala empregando os seus esforços em propaganda e vendas primeiramente em areas limitadas desenvolvendo-os apóz territorio por territorio.

4) Fixar a verba na base do custo por consulta e custo por venda.

5) Estabelecer um fundo pondo de lado uma porcentagem fixada sobre os lucros do anno anterior.

6) Estabelecer uma determinada porcentagem sobre o valor bruto das vendas.

7) Tomar a differença entre as despezas de venda e o preço, mais um lucro razoavel.

8) Destinar a mesma quantia dispendida nos annos anteriores.

Nota: Este methodo é o chamado "methodo cégo" e não realiza coisa nenhuma, devendo ser desaconselhado.

9) Estabelecer uma quantia sufficiente para executar o objectivo com o qual a propaganda foi planejada, isto é, primeiro determinar a extensão da propaganda e então orçar o seu custo.

Nota: Este methodo é baseado na presumpção de que seria melhor não annunciar a annunciar insufficientemente, que em principio é o mais certo de todos os methodos.

Não ha porcentagem fixa ou quantia arbitraria a ser determinada como a verba de propaganda ideal. Á medida que o volume de vendas augmenta, naturalmente diminue a porcentagem sobre as vendas necessaria á propaganda e poderia ser verificado que firmas estabelecidas ha muito e que vêm annunciando por decadas e por gerações dispendem na propaganda de sabão e outros productos similares sommas que representam de dois a dez por cento das suas vendas brutas.

De accordo com a nossa experiencia de mais de sessenta annos na pratica de propaganda lucrativa, o methodo ideal é examinar o negocio tomando em consideração o seu passado, a sua posição actual e as suas possibilidades futuras, focalisar os problemas com que depara o ramo, formular os meios de resolvel-os com a applicação da propaganda e dos methodos commerciaes e então chegar a um plano de propaganda que tenha como seu objectivo o desenvolvimento seguro do negocio sem o emprego de methodos phantasticos ou extravagantes desaconselhaveis nos negocios criteriosos.

A escolha de um tal plano pode determinar o inicio de um programma que levará annos para ser cumprido. Uma vez perfeitamente determinados aquelles objectivos resta iniciar o programma, ponto por ponto,

192

-28-

sempre avançando para uma meta definida e progredindo na sua realisação anno por anno tanto quanto permittam as verbas disponiveis.

Seguindo este methodo põe-se em execução um plano que immediatamente elimina esforços inuteis e assegura um controle unico para todas as transacções das vendas e da propaganda e o cliente verifica que o seu negocio vae progredindo num sentido definido sem dispersão de energias e sem desperdicios na propaganda.

RECOMMENDAÇÕES FINAES

Embóra tenhamos apenas superficialmente discutido os problemas com que defronta o seu gerente de vendas, ficou bem claro neste relatorio que todo o tempo delle e do seu assistente será tomado no desempenho das suas funcções. Todas as questões levantadas são vitaes para a sua organisação. Seus competidores tornar-se-ão cada vez mais efficientes e mais aggressivos. Entretanto, VV.SS. sendo dos primeiros a adoptar os methodos modernos de vendas e controle disso auferirão certamente todas as vantagens e todos os beneficios.

As nossas recommendações definitivas seguirão em relatorio separado.

193

Colaboração na redação do livro: André Viana

Editor: Fabio Humberg

Capa: Gustavo Garcia, com colaboração de Luca Milani e Luiza Milani Baeta Neves

Diagramação e tratamento de imagens: Alejandro Uribe

Revisão: Humberto Grenes / Cristina Bragato / Rodrigo Humberg

Fotografias do arquivo do autor e de sua família. Não foram identificados os fotógrafos responsáveis. Caso se identifiquem, serão creditados em futuras reimpressões e reedições.

Dados Internacionais de Catalogação na Publicação (CIP)
(Câmara Brasileira do Livro, SP, Brasil)

Milani Filho, Adolfo
    O fabricante de sabonetes : a história de Adolfo Milani, pioneiro da gestão empresarial moderna / Adolfo Milani Filho ; prefácio Antonio Delfim Netto ; posfácio Ives Gandra da Silva Martins. -- São Paulo : Editora CL-A, 2021.

    ISBN 978-65-87953-24-3

    1. Companhia Gessy Industrial - História
2. Empresários - Autobiografia 3. Empresas - História
4. Milani Filho, Adolfo, 1933- I. Delfim Netto, Antonio. II. Martins, Ives Gandra da Silva. III. Título.

21-71837   CDD-338.04092

Índices para catálogo sistemático:

1. Empresários : Autobiografia 338.04092

Cibele Maria Dias - Bibliotecária - CRB-8/9427

Editora CL-A Cultural Ltda.
Tel.: (11) 3766-9015 | Whatsapp: (11) 96922-1083
editoracla@editoracla.com.br | www.editoracla.com.br
linkedin.com/company/editora-cl-a/